U0147631

猛禽唐手

彭碧波　著

湖北省非物質文化遺產叢書（2014）
編委會

　　湖北是楚文化的發祥地，歷史悠久，文化燦爛。在漫長的歷史長河中，勤勞智慧的荊楚兒女不僅創造了大量的物質文化遺產，而且創造了豐富多彩、絢麗多姿的非物質文化遺產。這些寶貴的文化遺產，凝聚了荊楚先民的民俗信仰、價值觀念、社會理想與道德追求，不僅是荊楚民眾生生不息、繁衍發展的精神支柱，也是推動當今社會發展進步的重要力量。

　　湖北是非物質文化遺產大省，是全國實施非物質文化遺產保護工程較早的地區之一。十年來，在省委、省政府的高度重視和社會各界的大力支持下，我省非物質文化遺產保護工作取得了可喜成績。已經建立了國家、省、市、縣四級名錄體系，保護機構逐步健全，保護隊伍不斷壯大，保護制度日趨完善，傳承工作成效顯著，社會影響不斷擴大，基層立法和數據庫建設走在全國前列。目前，有人類非物質文化遺產代表作名錄四項，國家級非物質文化遺產名錄一二七項，省級非物質文化遺產項目四六六項；國家級代表性傳承人五十七人，省級代表性傳承人五七一人；現已有五個國家級非物質文化遺產生產性保護示範基地，十九個省級非物質文化遺產生產性保護示範基地，一個國家級文化生態保護實驗區，十三個省級文化生態保護實驗區和十六個非物質文化遺產研究中心。

　　從二〇一二年起，湖北省非物質文化遺產保護中心陸續編輯出版《湖北省非物質文化遺產叢書》，系統展示我省非物質文化遺產保護在挖掘整

理、項目研究、傳承保護等方面的成果。本套叢書的出版，凝聚著全省非物質文化遺產保護工作者的心血與汗水。在此，向他們表示衷心感謝並致以崇高敬意！

　　非物質文化遺產是民族智慧的結晶，是聯結民族情感的紐帶和維繫國家統一的基礎。保護和利用好非物質文化遺產，對落實科學發展觀，實現經濟社會全面、協調、可持續發展具有重要意義。加強非物質文化遺產保護工作是各級文化部門的重要職責，是全省文化工作者義不容辭的責任。我們要以更加紮實的作風，更加有效的措施，努力提高我省非物質文化遺產保護工作質量和水平，為推動文化強省建設，實現湖北「建成支點、走在前列」做出積極貢獻。

　　是為序。

雷文潔

　　彭碧波，唐手拳第十五代嫡系傳人。出生於湖北省天門市麻洋鎮邱灣村一個武術世家。畢業於上海體育學院，現在在武漢體院繼續深造。為國家級社會體育指導員、中國武術散打一級裁判、體育經紀人、天門市武術協會名譽會長、蘇州唐手武術文化研究會法人代表兼常務副會長、蘇州吳中區武術協會副主席兼總教練、武術之鄉太倉市武術協會名譽副主席、太倉唐手武術文化研究會會長、蘇州康派武術俱樂部總經理兼總教練。

　　一九九八年，彭碧波在江蘇蘇州創辦康派武術健身俱樂部（康，鍛鍊身體內康；派，打造形體外派）傳授傳統武術。接著彭碧波開辦了康派網站 www.kangpai.cc 和唐手拳網站 www.tangshou.cc，推廣傳統武術，弘揚中華民族文化。二○○○年，彭碧波擔任蘇州一電視台早間節目「招招得益」示範主講。現在，彭碧波主要從事武術的教學與推廣工作，傳授的學生遍佈世界各地，並獲得高度好評。

　　二○○七年九月，彭碧波被授予「世界著名武術家」稱號。二○○九年，被授予「傑出青年武術家」稱號，並獲得「武林技擊成就獎」和「傳播武術貢獻獎」。

　　彭碧波演練的唐手拳動作脆快剛勁，節奏分明，賞心悅目，手法變化令人眼花繚亂，腿法相對隱藏狠毒，招法凶狠快捷，招招逼人，猶如猛禽

捕食。武林朋友稱彭碧波為「武林猛禽」。

　　三年時間內，彭碧波參加國家級正規武術比賽獲得四十七塊金牌。「唐手拳」因彭碧波而名震江湖。

Introduction to Mr. BiBo Peng

Bibo Peng is the 15th generation descendant of Tangshou,a traditional martial arts style. Born in a martial arts family in Tianmen,Hubei province,Peng now resides in Suzhou. He has a love of the traditional fighting martial arts. Peng is now the Legal Representative and Executive Vice President of Suzhou Tangshou Martial Arts Research Association,Vice Chairman the of Suzhou Wuzhong District Martial Arts Association,member of the Sanda Professional Committee of Jiangsu Province,and the General Manager and Head Coach of Suzhou Kangpai Martial Arts and Fitness Club.

In September 2007,Peng was awarded the title"World Famous Martial Artist"by the Institute of World Culture. In December 2009,in Macau,by Global Leadership Forum martial arts summit,Peng was awarded the"Outstanding Young Martial Artist"title,and"Martial Arts Martial Achievement Award"and the"Dissemination of Martial Arts Award". In August 2010,Peng was awarded the title"World Martial Arts——Tangshou Style Representative"by the Institute of World Culture. He earned 47 gold medals in martial arts competitions of national level or above. Tangshou's fame is spread in the Martial Arts world.

目錄
CONTENTS

第二章　唐手拳基本功及身體各項素質訓練

第三章　猛禽唐手拳法分解講解

第四章　實戰用法（套路拆解）

第五章　唐手傳人彭碧波的故事

　　彭碧波兄送來他的書稿《猛禽唐手》並提議讓我為其作序，不知什麼原因我竟然沒有拒絕。但接下來的一段日子卻總也感到無從下筆，反覆閱讀書案上的這本書稿，不由得想起與碧波兄相識的短短幾年時日。

　　我與碧波兄的相識，還是在我來蘇州大學工作之後才開始的。那是一個偶然的機會，記得彭碧波的名字第一次被提及，還是在我的恩師著名武術教育家邱丕相教授那裡聽到的。那是在一次關於傳統武術拳種發展狀況的討論沙龍上，我的先生希望我能夠去看看蘇州一個年輕人所練的「天門唐手拳」，並在這次沙龍上對彭碧波這個人的執著、這種拳的古樸和獨特，都作出了較高的讚譽。也正因如此，在我回到蘇州後就結識了碧波兄，並在這以後的幾年裡，開始了對碧波兄的了解，也開始了對他所習練的「唐手拳」的認知。

　　碧波兄出生在湖北天門市的一個武術世家，自幼得到其祖上的影響和傳授，開始習練家傳武藝，並在以後的幾十年中冬練三九、夏練三伏，堅持不懈。認識碧波兄這幾年，我們的每次見面，都可感受到他作為武者的自信和堅強，也能夠感受到他對唐手拳的熱愛和執著。他踏實不煩躁，堅韌有想法，對於唐手拳的發展不僅有遠大的設想，而且也有務實的行動。就在剛剛過去的三年中，他身體力行多次參加由國家體育總局武術運動管理中心舉辦的各種國內外武術大賽，並獲得了近五十塊金牌。以致於很多

武術界的前輩和朋友在談到蘇州時，都會談到彭碧波的功夫，談到唐手拳的獨特。

彭碧波是一個武痴。為了唐手拳的發展他毅然放棄了自己做得好好的企業，專注於唐手拳的發展和推廣。彭碧波是一個智者。他談起唐手拳如數家珍、滔滔不絕，至今還能夠熟練地演練出本門的幾十個徒手和器械套路，講解出每個套路的技術特徵和要領。梅花樁拳著名傳人韓建中先生說的「一個武術人遠離家鄉到這裡做武術，堅持了近二十年，十分不容易」，就是對他作為武痴的最好評價。

眾所周知，從歷史長河中產生發展而來的中國武術，至今已經形成了一個龐大而多姿的體系。其「源遠流長」的歷史，其「博大精深」的內涵，長期以來都是我們這個民族最為耀眼並引以為自豪的文化瑰寶。正因為如此，對於中國武術的傳承、發展、創新，也一直是我們民族文化發展中的重要責任和義務。

但時至今日，中國武術的發展，並沒有按照我們自己設計的美好願景和發展理念來實現我們既定的目標。其最為根本的原因則表現在，我們二十世紀以來所倡導的中國武術「體育化」改革之路太快、太徹底。技術個性化的中國武術已經很難表現出鮮明的技術個性，文化寓意深邃的中國武術已經很難彰顯出特有的文化特質，精神價值內涵豐富的中國武術已經只剩下體育和奧林匹克運動的精神。現代武術的快捷發展不斷地擠壓著傳統武術的生存空間，我們幾乎到了不知道武術從哪裡來的地步。

可喜的是，隨著近年來的國學熱、文化熱的巨大影響，隨著非物質文化遺產保護的深入，中國武術回歸傳統的發展理念，已經開始走進了一個復甦的時代。找回傳統，繼承傳統，從傳統出發，正在成為中國武術發展新的理念。也正是在這樣的文化背景下，唐手拳開始走進中國武術的比賽和表演平台之上，開始走進我們研究者的視野之中。

「猛禽唐手」是唐手拳拳種中的一種最具典型意義的徒手套路，它發源於現今湖北天門市（古稱竟陵）。據可查文獻記載，至今有三百餘年的歷史，其傳說記載可追溯到中華民族鼎盛的唐朝。「猛禽唐手」是唐手門中入室弟子才可獲得的拳術套路，在唐手拳拳種中處於絕對的核心地位。

唐手拳拳種所強調和追求的「掌法為主，拖拉擊打」、「跺腳吼叫，發音摧力」、「騰挪閃展，驚徹風準」的演練風格和特點，其所倡導和遵循的「刁扶掠砍，劈壓滾迷」、「玄襠滾肩，手腳齊攻」、「擒拿見長，打中帶拿」的技擊特點，無不體現著中國傳統武術的精髓所在。「猛禽唐手」更是它的精華套路。因為，觀碧波兄的猛禽唐手演練，其多變密集的手法，其招招相連的攻守，其發聲跺腳的氣場，常常感到他給予我們的是「無人似有人」的格鬥境界。看碧波兄的演練，其起伏的錯落，其輕重的剛柔，其回轉的自如，常常讓觀者感到是在傾聽一段優美動聽的音樂。

如果說「名畫要如詩句讀，古琴益作水聲聽」是一種藝術修為境界。那麼，碧波兄所演練的唐手拳，的確給予我們旁觀者一種真實戰鬥的情景。正所謂，「唐手演練似奏樂，招招式式如臨敵」。唐手拳的招法與實戰技能的完美結合，以及所擁有的獨特練功心法，在傳統武術大家庭中具有很強的不可替代性。其特有的、獨樹一幟的、原汁原味的技術體系，更是當今傳統武術百花園中的一朵奇葩。

對於唐手拳而言，我只是一個觀者，所以只能說些皮毛之言，但我仍感到它應該成為中國武術中不容忽視並極力推崇的一個傳統武術拳種。因為，「盛唐」是中國人的驕傲，「唐手」更是中華武術的自豪。「盛唐」與「唐手」的歷史結緣並非偶然，唐手拳深厚的文化內涵和意蘊，我們才剛剛開始認識和了解，整理和挖掘唐手拳的工作才剛剛起步，要實現「穿唐裝，練唐手拳、做中國人」的目標，我們仍需努力。

因此，我很願意給大家推薦「唐手拳」，同時也祝願唐手拳在傳承人

彭碧波先生及其門人的努力下，扎根華夏，傳遍世界。

閒言碎語，是為序！

王　崗

2014 年 3 月 1 日於姑蘇文武軒

（王崗系蘇州大學教授、博士生導師）

中華武術歷史悠久，博大精深。但如今，各種外來拳道盛行其道，部分崇洋媚外者盲目追從，有些人一味追求經濟利益，放棄了祖先流傳下來的瑰寶，不能不說是一種遺憾。以事實為根本，還武術的本來面目，向世人展示真正的武術而不是「舞術」，是我們當代武林中人的義不容辭的責任。

筆者出生於湖北省天門市麻洋鎮一個武術中醫世家，習練傳播武術近四十年。青年時期走南闖北尋師訪友，開過武館當過保鏢，對傳統武術有比較獨到的看法，獨創了武術的五個新理論：菜刀理論、作文理論、燒窯理論、登山理論、移民理論。

筆者習練的唐手拳，發源於湖北天門。天門，因境內西北有天門山而得名。早在原始社會晚期，這塊土地上就有人類繁衍生息。在著名的石家河新石器時代部落遺址中出土了大量七八千年前的石（玉）器、陶器、骨器、蚌器、粳稻和青銅器等文物，還發現了陶祖這一原始社會父系氏族時期的重要標誌性文物。

天門，地處江漢平原，以前是魚米之鄉，改革開放後，靠山靠水靠科技靠貿易的地區致富了。而在筆者十八歲之前整個村子沒有「電」，活潑

的孩子和好動的青年人沒有文娛活動，只能靠習武打發時間；也由於當地太過偏僻，人們只能靠習武自衛自救，危難時沒人能救得了，通信工具也沒有，道路泥濘難走，晴天一身土雨天一身泥。如今，由於當地相對貧窮落後，少有人出來比賽推廣該拳種，以致於現在很少有人會練習唐手拳。筆者由一個貧窮落後的農村來到大城市發展，得益於「唐手拳」。

唐手拳演練時，動作脆快剛勁，手法變化令人眼花繚亂，腿法相對隱藏狠毒，招法凶狠快捷，招招逼人，節奏明快。該拳既可強身，增強各關節的靈活性和韌性，增強身體素質；又可防身，搪擋遮攔，拳劈掌擊，腿踢肘頂，猶如猛禽捕食，唐手拳演練時跺腳吼叫，氣勢逼人，威猛剛勁。將唐手拳發揚光大是筆者的理想。

如今的人們似乎很熱衷於散打格鬥，其實在民間，散手從來沒有單獨存在過，它總是某一門武功的實際運用，是整個技術體系中的一部分。唐手拳中包含著眾多的散手制敵招法。

隨著時代的發展，唐手拳產生了風格不同的流派。本書所介紹的「猛禽唐手」屬於玄襠滾肩唐手。在習練唐手時，強調基本功和內功的修練，做到「內練一口氣，外練手眼身」，更注重實戰訓練，練拳時，前面無人似有人；交手時，前面有人似無人。師父在傳授唐手拳時，先將動作的用法講解給弟子聽，然後演示給弟子看，讓弟子在練習過程中知道自己在幹什麼。唐手拳注重動作的殺傷力訓練，練習的時間越長功力越深。

中國武術之所以能稱為武術文化，不僅在於它廣博的內涵、多元的功用，還在於它強大的生命力和獨立性。武術與中國文化一脈相承，武術是中國文化的載體之一。武術並不只是打。在弘揚民族文化、構建和諧社會的今天，挖掘發揚唐手拳具有十分重要的意義。

唐手拳具有相當的技擊價值。曾經一段時間，國內掀起「武術套路有沒有用的爭論」。練習套路和學寫作文道理是一樣的。不學範文不背經典

文章，怎會寫作文？當然，文章也有好壞，如果學的是「黨八股」，一定寫不出好文章。武術套路亦然。唐手拳包含眾多攻防技擊招法，獨特的技擊動作能夠讓武術愛好者體驗到武術的獨特威力，體會到中華武術的博大精深。經常練習唐手拳能起到防身自衛的作用。央視武林大會總裁判長、公安大學韓建中教授送給筆者十個字「得天獨厚，很有優勢，加油！」這是老一輩武術家對唐手拳的肯定。

唐手拳具有相當的藝術價值，唐手拳在演練的過程中不僅要注重功架和技擊含義，還要體現出一種實戰意義上的美學意境。練拳時，前面無人似有人；交手時，前面有人似無人。唐手套路使情技交融、神形兼備，融於攻防技術之中。思境相融，既源於攻防格鬥之技，又高於攻防格鬥的真，成為一種賞心悅目又愉悅自身的藝術享受。筆者積極到香港、澳門和新加坡宣傳展示唐手拳，獲得廣泛關注。同時還積極參加國家武管中心舉辦的全國武術大賽，至今為止，已獲得全國武術比賽四十七塊金牌，這是武林中人對唐手拳的肯定。

唐手拳具有相當的健身價值，在習練唐手時，強調基本功、內功、硬功的修練，做到「內練一口氣，外練手眼身」。年輕力壯者在演練時用勇猛剛強的打法操練；年老體弱者用緩慢柔和、陰剛陽柔之法練習。由於唐手拳注重呼吸配合，其健身效果極佳，事實表明，練習唐手拳的宗師均得高壽。有呼吸系統疾病的人通過練習唐手拳居然起到了藥物不能達到的效果。經常練習唐手拳的人，四肢靈活，肌肉堅硬，目光有神，給人一種充滿活力的感覺。

唐手拳具有相當的文化價值，當今世界文化爭奪愈演愈烈，各個國家和民族都在極力保護自己優秀的民族文化的同時，還把別的民族的文化作為爭奪甚至掠奪的對象。日本的一位武術家曾宣稱：十年後，太極拳的中心在日本，而不是在中國。現在據說日本已經向國外派太極拳教練了，這不得不令中國武術界反思。在文化爭奪的時代，武術也面臨著被爭奪的危

機，我們武術界應該有強烈的憂患意識，用實際行動保衛我們的武術不被爭奪，以免成為別的民族向世界炫耀的文化財富。如今，文化流失現象也很嚴重，許多傳統功夫，隨著一批批身懷絕技的民間文化傳人的離世而「藝隨人絕」。全國政協委員馮驥才接受採訪時說，「民間文化的傳承人每分鐘都在逝去，民間文化每分鐘都在消亡」。唐手拳這一發源於唐代的寶貴拳種，至今有記載的武術大賽除筆者演練外，少見人練。武術之所謂博大精深，很重要的一點就是拳種眾多。唐手拳急需得到挖掘保護，使唐手拳在文化和歷史滋養中重新煥發出應有的魅力。唐手拳是歷代宗師巨匠代代傳承而留給我們的巨大文化財富，它奇妙的勁力和招法，豐富的哲學、美學意蘊，作為非物質文化遺產的重要財富是當之無愧的。幸運的是，二〇一三年年底，唐手拳被正式列入湖北省第四批非物質文化遺產保護名錄。蘇州市吳中區車坊小學還將唐手拳引入課堂，全校學生學習唐手拳，建立了唐手拳傳承基地。蘇苑實驗小學也開設了唐手拳興趣班。唐手拳受到越來越多的人的喜愛。

唐手拳具有相當的歷史價值，據歷代宗師相傳和史料記載，唐手拳曾漂洋過海，流傳至日本，對日本武道的發展產生過巨大影響。筆者曾與一日本武術訪問團交流，從日本一武林老者的演練中，仍能看到唐手拳的一些動作。

出版本書的目的在於，弘揚祖先流傳下來的寶貴遺產；豐富中華武術的武術寶庫；開拓武術愛好者的視野；為武術愛好者更好地掌握唐手拳發揮作用；讓越來越多的人了解喜愛唐手拳；為向世人展示中華武林絕學貢獻一份力量。

彭碧波

2014 年 6 月 18 日

第一章

唐手拳概要

第一節 ·
唐手拳的
起源

　　天門，因境內西北有天門山而得名。早在原始社會晚期，這塊土地上就有人類繁衍生息。在著名的石家河新石器時代部落遺址中出土了大量七八千年以前的石（玉）器、陶器、骨器、蚌器、粳稻和青銅器等文物，還發現了陶祖這一原始社會父系氏族時期的重要標誌性文物。石家河文化被寫入「九五」高等教育重點教材《中國古代史》。

　　天門，古為雲夢澤風國地，春秋為鄖國地，戰國時期為楚竟陵邑，因大洪山餘脈在此終止，即「陵之竟也」而得名。秦統一中國後，設竟陵縣，隸屬南郡。五代後晉天福元年（936 年），為避晉高祖石敬瑭名諱（敬、竟同音），改竟陵縣為景陵縣，屬直隸防禦州，州治設此。清雍正四年（1726 年），為避康熙墓名（景陵）諱，改為天門縣，隸屬湖北安府，此為第一次定名天門，沿用至今。一九三二至一九四五年，中國共產黨領導天門人民進行了土地革命戰爭和抗日戰爭，先後在本縣東、西、南、北部與鄰縣邊境地區結合部，建立了天潛、天漢、天京潛、天潛沔、縣南、天北等縣。一九四九年五月湖北省人民政府成立後恢復天門縣建制，撤銷天漢、天京潛縣，劃屬湖北省荆州專區；同年七月，建立天門縣

人民民主政府；八月，改為天門縣人民政府。一九八七年八月三日，國務院批准撤銷天門縣，設立天門市（縣級）。一九九四年十月，國務院批准天門市為湖北省直管市。二〇〇二年，湖北省將天門市納入武漢城市圈。自南齊建元元年（479 年）始，歷隋、唐、五代、北宋、南宋，至民國二十五年（1936 年），天門先後七次為郡（州、專署）治所，計五百餘年。古竟陵區域廣闊，包括荊州長江以北、石城以東、江夏以西的全部地域。從漢、晉、南北朝至北宋乾德三年以來的一千一百多年間，竟陵縣境先後劃出置雲杜、霄（亦作宵）城、長壽、角陵等縣，北宋以後縣境無大變化。一九五〇年六月，天門縣漢江以南的毛咀區劃入沔陽縣。同時，沔陽縣漢江以北的仙北等地劃入天門縣。一九五五年七月，潛江縣漢江以北的張港，京山縣的多寶、拖市劃入天門縣，一九九六年十一月蔣湖農場回歸天門。二〇〇一年八月，總後沉湖基地（天門部分）移交天門，形成現境。

由於獨特的環境和地理位置，天門自古就有家家習武戶戶練拳的傳統，是名副其實的「武術之鄉」。關於「唐手拳」的由來，在民間有不少神奇的傳說，拳門弟子代代相傳「此拳為鴻鈞老祖所傳」，鴻鈞老祖是元始天尊，而且「先有佛爺後有天，鴻鈞老祖還在先」，這些傳說雖然荒誕，但卻朦朧地反映了唐手拳的兩個方面，其一，唐手拳歷史非常悠久，其二，唐手拳與道教有關。唐手拳創立之初，人們用它搪擋禦敵，故稱「搪手拳」，取搪擋遮攔的散手招法的意思。後來唐手拳在唐朝時期大為盛行。由於「搪」與「唐」同音，故改稱「唐手拳」，簡稱「唐手」。

根據現有的史料記載（關於唐手拳的重要資料在「文革」期間遺失），此拳在江漢平原已流傳三百餘年，唐手拳發源於湖北天門、京山民間。現如今，唐手拳主要流傳於天門、京山、武漢、仙桃、潛江、蘇州、太倉等地。

隨著時代的發展，唐手拳產生了風格不同的流派。玄襠滾肩唐手，是傳承嚴格、風格獨特的一支。由於只傳嫡系且傳承嚴格，現在少為人知。

很多珍貴的歷史資料在「文革」期間被毀，如今，只能根據先輩們的口傳身教整理資料。根據我國及日本的歷史史料記載，唐手拳曾遠渡重洋，傳到日本，受到當時的日本人民的喜愛。唐手拳注重實用，善用掌法，對日本武道產生過巨大影響。唐手拳承載著豐富的中華民族文化，是中華武術文化的一朵奇葩。

隨著時代的發展，「唐手拳」也在不斷地演變和發展，到近代形成了眾多唐手流派。玄襠滾肩唐手，成為風格特別、注重實用、傳承嚴格、影響最大的流派。唐手拳第十五代傳人彭碧波演練家傳唐手拳系列參加全國正規武術比賽，三年內榮獲四十七塊金牌，在全國及國際武術大賽上少見如此風格的拳法。

第二節 ·
唐手拳的
風格特點

唐手拳非常霸氣，講究快速乾脆及攻擊的殺傷性，往往有一擊必殺之說。這是一門古老的技擊性很強的武技。唐手拳包含著眾多的練功方法和

散手制敵招法。唐手拳在江漢平原流傳幾百年，深受人們的喜愛。唐手拳結構緊湊，演練起來脆快剛勁，踩腳發聲，節奏分明，氣勢磅礴，令人賞心悅目。

唐手拳是一種偏向實用的比較原始的拳法。唐手的技術包括踢、打、摔、拿諸技，但主要以掌法為主，擒拿見長，腿法暗藏，拳法肘法輔助攻擊，其中手的動作最為突出。唐手拳講究「擒拿封逼，吞吐浮沉」八法，注重「三尖六合」，動作快速，以掌法為主，擒拿見長，打中帶拿。強調「有力當頭上，無力踩兩旁；借力打力，避實擊虛」。發力時，伴隨震腳並同時發內音催力。

唐手拳特徵：穩、巧、合、快、猛、毒。

唐手拳招法特點：罩過頭，迷下膝，橫直不離五寸，玄襠滾肩。

唐手拳技法十六字：騰、挪、閃、展、精、徹、風、準、刁、扶、掠、砍、劈、壓、滾、迷。

唐手拳實戰格鬥七要素：心理、招法、速度、力量、硬度、耐力、戰術。

一、騰挪閃展，驚徹風準

唐手拳擒拿手法比較多，從套路風格上講求八字要訣「騰、挪、閃、展、驚、徹、風、準」。所謂「騰」者，身體移動距離較大；「挪」者身體移動距離較小；「閃」者，身體向兩旁跨閃；「展」者，舒展施展，張開之意；「驚」者，動靜大，驚駭使其惶惑失措；「徹」者，發力透徹，脆快剛勁；「風」者，形容速度快；「準」者，力點準確，出手到位。唐

手拳強調「有力當頭上，無力踩兩旁；借力打力，避實擊虛」。整個套路讓人看起來身形反覆，動作多變，目不暇接。

二、玄襠滾肩，手腳齊攻

唐手拳具有代表性的招法動作就是「玄襠滾肩」。只要一看到某人練拳，有滾肩的動作，有玄襠的動作，人們馬上會說這是唐手拳。滾肩的意義有兩種，其一，練習滾肩能增大肩關節的活動範圍，增強肩關節的韌性，抖腕抓手、懸襠擰腰，動作一氣呵成，久而久之就能培養上下肢的協調性；其二，滾肩的實用方法比較獨特，藏身撩掌，抓臂砍打，如果失手馬上掌擊。一腿懸空，另一腿支撐身體為「懸襠」，唐手拳不僅「懸襠」，懸空的一腿還暗藏殺機，所以稱為「玄襠」而不是「懸襠」。

三、跺腳吼叫，發音催力

練習唐手拳時跺腳，從旁人看來，節奏分明，力點清晰；對演練者來說，跺腳可以增強腿部及腳部力量，久而久之，即可增強腿部殺傷力。真正體現武術拳打臥牛之地，不受條件和環境限制，即可練出真功夫。實戰時，攻擊招法中配合踩跺對方腳背，能起到以小打大、以弱勝強的效果。唐手拳發力時，往往要噴氣發力。「噴」氣的同時，發「嗯」音，聲音必須發自丹田，練功日久，發出的聲音雄渾有量感，撼人心扉。在練習拳腳的同時自己的呼吸系統也得到了鍛鍊；在與敵人交手時發音，能起到威懾敵人和給自己壯膽鼓勁的作用。「跺腳吼叫，發音催力」，體現了武術「內練一口氣，外練筋骨皮」的作用。

四、刁扶掠砍，劈壓滾迷

此八字為唐手拳的技擊要訣。「刁」者，挑擋之意；「扶」者，幫扶之意，所有動作互相配合，攻防結合；「掠」者，搶抓的意思，擊打前先要抓住對方；「砍」者，用掌砍擊；「劈」者，用前臂劈擋對方攻擊動作或劈擊對方；「壓」者，抓壓、下壓、擠壓；「滾」者，旋轉中帶攻擊殺招；「迷」者，向下擋格，使其昏亂。

五、掌法為主，拖拉擊打

掠手順掌和掠手拗掌是唐手拳的典型動作，根據對手的姿勢和使用的不同招法，運用順掌或是拗掌對敵人進行打擊。在擊掌之前總是要先抓住對方，要確保拉住打，這是唐手拳重要的特點。而不是像當今的一些搏擊運動，只是把對手作為一個「沙包」進行擊打。在套路演練中要體現兩手臂的配合，兩手型分別為「掌」和「爪」，手法變換靈活協調，乾淨利落。劈掌、戳掌、推掌、吊掌、按掌和砍掌貫穿唐手拳套路，在實戰中皆為常用手法。唐手拳注重「三尖六和」，「三尖」為鼻尖、手尖、腳尖，三尖相對；「六和」為心與眼合、眼與手合、手與腳合、腳與身合、身與氣合、氣與力合。

六、擒拿見長，打中帶拿

唐手拳講究「擒拿封逼，吞吐浮沉」八法，訣云：「封逼當頭陣，二法本相應，若不加拿法，難制敵人命，敵之未曾問，先探而後陳，吞吐念其中，變化見機行，浮法制遠數，沉法攻下層，疾速定如風，妙用存乎

心」。要把一個活蹦亂跳的人擒拿住，不是很容易的，唐手拳採用打中帶拿，拿中帶打的手法，符合實際格鬥情形。唐手拳的經典擒拿動作「三搖三擊跑馬掌」、「二龍戲珠鎖銬掌」、「金貓逼鼠拿胯掌」、「金鵬撲水齊心掌」、「張飛捆豬當胸掌」等等，都體現了打拿結合。

第三節·
唐手拳的
傳承

　　關於唐手拳的起源眾說紛紜，各種傳說流傳於民間，相關一些資料已於「文革」期間被毀。根據現有資料及事實表明，唐手拳發源於今湖北省天門、京山一帶，當地老者會習練唐手拳者眾多。如今玄褶滾肩唐手拳保存比較完整的套路已經不超過十套。唐手拳現已被列入為省級非物質文化遺產保護名錄，受到了保護。

　　玄褶滾肩唐手拳第十五代代表性傳承人彭碧波，二〇〇九年始，在全國武術比賽上亮出唐手拳，立刻獲得武林人士的強烈關注，從民國時期至今，除彭碧波及其弟子演練唐手拳參加國內國際武術大賽外，未見其他人

演練此風格拳法。

由於「文化大革命」的衝擊，很多歷史資料被毀。目前只知彭氏祖先「孟」字輩為唐手拳第七代嫡系傳人。彭氏族譜輩分為「孟、啟、興、邦、世、習、文、章、德、正、銀、祥」。彭碧波為「德」字輩，系唐手拳第十五代嫡系傳人。

受「師父傳徒弟要留一手」的保守思想的影響，加上唐手拳傳承較嚴格，許多唐手拳套路已經失傳。

第四節 ·
唐手拳
武德

一、武德

武德，顧名思義就是練武之人的道德品質。武德是武術倫理規範與習武者道德行為準則的總和。武德始終貫穿於所有練武之人以及練唐手拳之人整個一生學武、練武、用武、比武和授武等社會活動中。武德的產生是

伴隨著武術自身和中華傳統文化的發展而發展的。「武德」一詞最早出現於三千多年前的《國語》中。武德的本質表現為：仁、義、禮、智、信、勇。

仁，是習武者的品德追求和德性的最高境界。仁的基本涵義就是要「博愛」。

義，義為行善之本，是一種秩序和等級。要求習武者的言行舉止與自己的身分相符。

禮，禮來自於人的恭敬辭讓之心，是仁義道德的節度及由此產生的待人接物的禮節儀容。「禮」在武德中告訴習武者「應該做什麼」和「應該怎麼做」。

智，習武者必須有自覺的道德意識，這就是「智」。智的功能就是認識「仁」、「義」，並保證實現它。

信，信者誠也，守信用重承諾是武林的傳統。實現諾言，不失信於他人是武林中人的基本素質。

勇，既是道德標準又是行為實踐。「勇」有「大勇」和「小勇」之分，武德中提倡「大勇」，習武之人應該通曉仁義道德，明辨是非善惡，果斷採取行動，除暴安良，匡扶正義。為謀私利或意氣用事而逞強鬥狠，則被視為「小勇」，也是「匹夫之勇」，為武林中人所不屑。

拳諺「相逢不是忠良輩，他有千金也不傳」、「師訪徒三年，徒訪師三年」都說明了武德的重要性，如果練得一身好武藝卻危害社會，到時害人害己；練得一身好武藝去服務社會，就會益己利人，美名遠揚。

中華武術武德的模範代表人物有武聖夫子關羽（關公）。習武之人必看的古典名著是《三國演義》和《水滸傳》。

二、當代武德

1. 樹立理想，努力爭光；
2. 尊師愛徒，互幫互學；
3. 愛憎分明，見義勇為；
4. 修生養性，守信重義；
5. 禮貌端莊，遵紀守法。

三、武術抱拳禮

並步站立，左手成掌右手握拳，左掌心掩貼拳面，左手掌尖與下頜平齊，左手掌指根線對齊右拳拳峰，右拳眼對準胸前，兩臂在胸前屈臂成環型，兩肘尖略下垂，拳掌與胸相距二十至三十釐米。頭正身直，挺胸塌腰，目視受禮者，面容莊重大方。動作乾脆。見圖 1-1、圖 1-2。

圖 1-1

武術抱拳禮寓意：

1. 左掌四指併攏伸直，表示德、智、體、美「四育」齊備。大拇指彎曲，表示不以「老大」自居。右拳表示勇猛習武，左掌表示用心管住拳腳功夫。

2. 左掌掩蓋右拳，表示用自己的德性約束武藝，「勇不滋亂」。

3. 兩臂圓屈，表示五湖四海天下武林是一家，以武會友。

圖 1-2

4. 左掌為文右拳為武，文武兼備，渴望求知，恭請指教。

四、唐手拳學員須知

　　傳統武術是中華民族的寶貴遺產，中華民族是禮儀之邦。尊師重道是每一個唐手拳弟子應該具備的基本品德。

　　唐手拳弟子每一次訓練之前必須先向老師行抱拳禮並背誦「唐手拳弟子守則」，然後相互行抱拳禮；唐手拳弟子每一次上場練習之前和退場之前都必須行抱拳禮；唐手拳弟子每一次訓練課結束前，必須向老師行抱拳禮並背誦「唐手拳弟子守則」，然後相互行抱拳禮。

　　唐手拳弟子守則：

有理想　　有志氣

懂禮貌　　不嬉戲

勤有功　　戲無益

尚武德　　苦學藝

師長訓　　牢牢記

五、唐手拳門規師訓

　　唐手拳門規極其嚴格，師父一般不會輕易收徒弟，要想拜入唐手拳門，至少也要跟隨師父學習一年以上基本功和拳法，一般都是三年以後師父才考慮收為唐手拳門入室弟子。以下是唐手拳門入室弟子門規師訓：

守法紀不滋事　　重情義講忠義

尚謀略肯鑽研　　滿招損謙受益

勤練拳苦練功　　有恆心有毅力

千招熟怕一毒　　高心境得絕技

遇交手不留情　要留情不比藝
深江湖靜無深　通情理走天地

第五節·
習練唐手拳
的意義

一、習練唐手拳的意義

拳為運動之道，健身之方；術為取人之妙，勝人之法。中華武術源遠流長，內涵極為豐富，集健身、防身、修身為一體，技擊是武術的核心和精髓。

中國傳統武術是中國傳統文化的重要載體，它蘊藏著幾千年的中華文化，帶著無數武林先輩的心血和期望，見證了中華民族的發展和壯大。中華武術是集文化、歷史、哲學、物理學、醫學、美學於一爐的綜合藝術。傳統武術強調內外兼修，體用兼備，神形一致。中華武術是在中國這個特殊地域、特殊的人文環境下產生的一種具有中國文化底蘊和中國文化特色

的獨特產物。它歷史悠久，文化積澱深厚，是其他體育運動、國內外現代搏擊運動所無法比擬的。武術發源於遠古人類獵食，戰國時期得到發展，唐宋時期繁榮昌盛，明清時期到達巔峰。「唐手拳」這門武術盛行於唐代。

現代搏擊運動的宗旨是「打」，中國傳統武術除了「練打」之外，包含文化、歷史、哲學、醫學、物理學、美學等學科內容，傳統武術是一個綜合性的藝術學科。傳統武術還特別強調對習武人的道德教育、武德教育、正義教育和對立統一的哲學思想教育。武術之所以又稱「功夫」，是因為不花時間和精力是不能學好武術的。

中華武術，能鼓舞人的勇氣，改變人的世界觀。武術最大的學問，是一種文化的體驗。武術，不僅僅是一種拳術，也不僅僅是一種興趣，它是人們精神修練的方法。修練武術的目的，不僅僅是為了擊破木板和石塊，更不是為了打架或是逞威風，武術能影響人們的整個思想或生活方式，拳諺有「練拳煉人，拳練一生」。

武術是一種特殊的精妙藝術，而不是一種體力活動，它是一種促使智慧與技巧相結合的藝術。武術的原理就是科學地運用自己的身體和心智，觀察你自己，鍛鍊你自己，探索你自己，然後加以超越。「集財萬千，不如薄技在身」、「文能安邦，武能定國」等拳諺說明了武術的重要性。

「唐手拳」為風格獨特的一種傳統武術，「四海行走練唐手」，習練唐手拳意義重大。

二、唐手拳武術的當代作用

磨煉意志，培養情操；

增強體質，抵抗疾病；

掌握技擊，防身自衛；

娛樂觀賞，豐富生活；

繼承瑰寶，傳承文化。

對於當今社會要不要學習武術和武術要不要套路等問題，曾引起廣泛的爭論，為此，作者獨創了關於武術的五大論點：

1. 菜刀理論

針對當今社會人們要不要習武，習武會不會對社會產生危害，作者提出了該理論。作者認為教人習武就像商場賣刀一樣，總不能因為有人拿刀殺人而不讓賣刀，刀畢竟對人們的生活和工作起了非常大的作用。武術有很多連藥物都不能起到的作用。武術可磨煉意志、修練品德、強健體魄、保家衛國、弘揚中華傳統文化，為什麼不能練武術呢？

2. 作文理論

現如今爭論要不要練套路，套路有沒有作用的人眾多。於是筆者提出了該理論。筆者認為，教人習武就像教人寫作文一樣，必須先要背各類經典例文，學生才會寫各種文章，當然，你教的是黨八股，別人的文章肯定寫不好。搏擊也是一樣，實用的套路就是「範文」，學員理解以後，面對不同的對手——「作文題目」，就可施展不同的招法。大腦裡毫無武術概念，憑空想像怎能學好武術？

3. 燒窯理論

武術之所以又稱「功夫」，是因為練好武術需要時間。練武術就像燒窯一樣，堅持到底，鍥而不捨，到時就會得到一窯好磚；否則，燒一天停一天，哪怕是花再多的時間和金錢，得到的將是一窯爛泥。

4. 登山理論

一登山者沿著前人指引的方向不斷攀登，排除干擾，終於登上了山頂；另一登山者剛爬不久聽別人說從另一個地方登山快，轉而重新開始登山，爬不久又聽別人的話換了地方，重新開始登山，如此反覆總在山下徘徊，一生領略不到山頂的滋味。中華武術門派眾多，有人習武一生還只是門外漢，道理如是。

5. 移民理論

對於該理論，作者沒有更好的詞來概括。如果用「他山之石」也不太確切，因為別人好的東西不一定適合你，你必鬚根據自己的情況來取捨。一個移民城市的發展要超過普通城市，是因為在這座城市裡，大家要共存、大家要發展，好的東西會發展，不好的東西會被淘汰。武術界也應從中吸取經驗，一個門派不能故步自封，要根據時代和環境進行調整，才能得到發展。

第二章

唐手拳基本功及
身體各項素質訓練

第一節．
唐手拳的
基本功

一、眼法

　　眼睛是先天的本能的，眼神則是後天的通過訓練產生的。眼睛是眼神
的基礎，眼神是眼睛的技巧。拳諺云「心為元帥，眼是先鋒」、「破敵全
憑一雙眼」、「眼明手快，有勝無敗」……，無不說明了眼睛的重要性。
訓練眼睛的方法有：

　　1. 快速睜眼注物訓練：聽到指令，快速睜眼看物體，在睜眼時吸氣，
同時要做到凝神，目不轉睛，眼睛注視目標。

　　2. 眼珠移動訓練：頭部不動，眼珠上下移動，左右移動，旋轉轉動練
習。

　　3. 擺頭亮掌協調訓練：抖腕亮掌，同時甩頭。此動作左右手皆需練
習。要求抖腕亮掌與甩頭同時進行，動作乾淨利落，手在抖腕之前的運動
過程中，眼要隨手而動。

　　4. 盯物訓練：兩眼全神貫注盯住遠方一綠色樹葉，直到雙眼疲勞為
止。

5. 眼睛逼壓訓練：拳諺「練拳莫閉目，閉目非真拳」，此訓練能改變眨眼習慣。被訓者站著不動，另一人站在適當距離，用掌向其眼睛打過來，被訓者眼皮不眨動。

6. 養目：找一個空氣清新安靜的場所，閉目打坐，口進氣鼻子出氣，做深呼吸，意念集中在雙眼。每次十五分鐘以上。

二、手型

1. 拳：四指併攏卷握，大拇指緊扣食指和中指的第二指節。口訣「拳如卷餅緊又牢，食指中指拇指靠」。拳眼向上為立拳，拳心向下為平拳。見圖 2-1、圖 2-2。

2. 雞心拳：五指卷握，中指突出，大拇指頂住中指的同時，壓住食指和無名指。見圖 2-3、圖 2-4。

3. 掌：四指併攏伸直，大拇指彎曲緊扣。口訣「四指伸直並一起，拇指內扣要扣緊」。見圖 2-5。

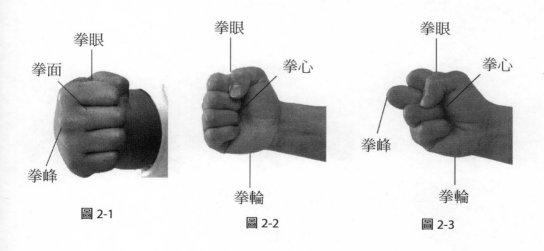

拳眼
拳面
拳峰
圖 2-1

拳眼
拳心
拳輪
圖 2-2

拳眼
拳心
拳峰
拳輪
圖 2-3

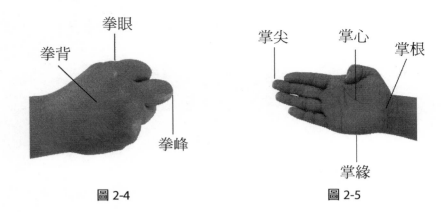

圖 2-4　　　　　　　　　　　　　　　　圖 2-5

　　4. 立掌：四指併攏伸直，大拇指彎曲緊扣虎口處，手腕儘力上翹掌緣向外對準目標。口訣「四指伸直並一道，拇指內扣腕上翹，掌緣向外像把刀」。見圖 2-6。

　　5. 戳指：食指中指伸直用力分開，其餘三指蜷曲，拇指壓在無名指和小指指頭上。見圖 2-7。

　　6. 潭魚掌（虎爪）：五指彎曲，用力張開。四指根處下凹。見圖 2-8、圖 2-9、圖 2-10。

　　7. 爪：五指用力伸直形成抓物狀，手腕用力內扣，手型成鐮刀狀，力達指尖。撩抓以後形成的爪型，是唐手拳特有的動作。見圖 2-11。

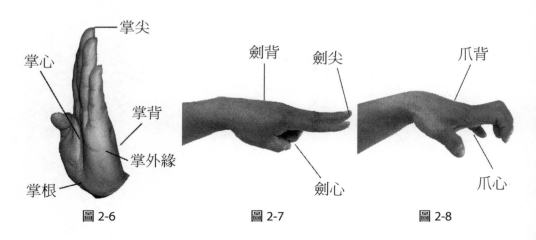

圖 2-6　　　　　　　　　　圖 2-7　　　　　　　　　　圖 2-8

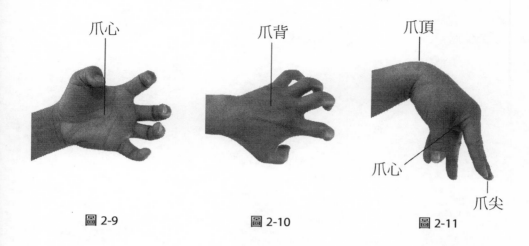

爪心　　　　　　　爪背　　　　　　　爪頂

爪心

爪尖

圖 2-9　　　　　　　圖 2-10　　　　　　　圖 2-11

三、手法

　　1. 板劈：拳頭弧形劈擊、砸擊對方面部，力達拳峰；另一手臂彎曲，手掌變掌依附在攻擊手臂的肘關節部位。見圖 2-12。

　　2. 衝拳：用平拳或雞心拳直線形搗擊敵人，另一手變掌依附於肘關節附近作防守狀。步法比較靈活。如圖 2-13 所示為弓步沖雞心拳。

　　3. 射拳：用拳自下而上衝射敵人，力達拳峰。另一手變掌依附於肘關節附近或腋窩處作防守狀。見圖 2-14。

　　4. 插花：用拳自上而下衝搗敵人，力達拳峰，另一手變掌依附於肩關節附近作防守狀。見圖 2-15。

　　5. 抄拳：擺動手臂，用拳自下而上抄擊敵人，力達拳峰，另一手變掌依附於肘關節附近作防守狀。見圖 2-16。

　　6. 兜掌（上托掌）：一手搶抓對方手臂，另一手用虎爪自下而上擊打敵人薄弱部位（如下頜、關節等）。見圖 2-17。

圖 2-12　　　　　　　　圖 2-13　　　　　　　　圖 2-14

圖 2-15　　　　　　　　圖 2-16　　　　　　　　圖 2-17

　　7. 砍掌：擺動手臂，用掌外緣砍擊敵人。如圖 2-18 為腰橫掌，橫砍敵人腰部。

　　8. 劈掌：揮動手臂，用掌外緣自上向下劈擊敵人。另一手為附手，做好防守。見圖 2-19。

　　9. 吊掌：揮動手臂，用掌指背部從上向下打擊敵人面部，另一手做防守。見圖 2-20。

　　10. 驢口掌：大拇指彎曲並收於虎口，其餘四指彎曲併攏，掌心露出，擒拿時虎口向前，從自己腰間向敵人腹股溝推擊。由於此掌形形狀同驢口，稱「驢口掌」。見圖 2-21。

圖 2-18

圖 2-19

圖 2-20

圖 2-21

11. 馬口掌：大拇指彎曲蜷曲收緊，其餘四指彎曲併攏，掌心露出，從自己腰間向敵人腹下等部位推擊，掌根向上，力達掌根。由於此掌型形同馬口，豎長，稱「馬口掌」。見圖 2-22。

12. 擊掌：用虎爪或掌直擊。

13. 分掌：用手撥開對方進攻。

14. 戳擊：用掌尖或手指戳擊敵人薄弱部位。見圖 2-23。

15. 跺劈：擺動手臂，自上向下用前臂劈擊敵人。見圖 2-24。

16. 搪擋：手成爪形，用前臂向上撩擋和向下剁擋迷搪。

17. 架擋：手成掌形（或拳形），用前臂自下而上架擋。

18. 抓臂：對方用拳掌進攻時，搶抓對方手臂。

圖 2-22

圖 2-23

圖 2-24

四、肘法

拳諺「寧挨十拳，不挨一肘」，充分說明了肘擊的威力之大。

1. 擺肘：用肘從側面橫擺擊。見圖 2-25。
2. 威肘：用肘自下而上挑擊。見圖 2-26。

3. 頂肘：用肘尖自下而上挑頂。

4. 排肘：兩肘同時水平分展排擠擊肘。

圖 2-25　　　　　　　　　圖 2-26

五、步型

1. 騎虎步：兩腳平行開立，相距約為自己腳長的三倍，腳尖正對前方，屈膝半蹲，兩大腿接近水平。膝部垂線不超過腳尖，十指抓地。挺胸塌腰。口訣「挺胸翹屁股，練拳的老師傅」。見圖 2-27。

圖 2-27

2. 弓箭步：一腳屈膝前邁，大腿近似水平，膝部垂線不超過腳尖，兩腳相距約為自己腳長的四到五倍；另一腿用力蹬地伸直，兩腳全腳著地。

左腳在前為左弓箭步，右腳在前為右弓箭步。口訣「前腿弓，後腿繃，兩腳內扣不晃動」。見圖 2-28。

3. 虛步：兩腳前後開立，後腿腳尖外展四十五度，兩腿屈膝半蹲近似水平，重心落於後腿上，後退全腳著地，前腿腳面繃直虛點地面，挺胸塌腰。左腳在前為左虛步，右腳在前為右虛步。見圖 2-29。

4. 騎龍步：一腿屈膝半蹲，全腳掌著地；另一腿屈膝跪地（不觸地面），前腳掌著地。挺胸塌腰，兩腳間距離約為自己三腳遠。見圖 2-30。

5. 獨立步：一腿伸直獨立支撐身體，全腳著地，腳趾抓地；另一腿屈膝提起收緊，控在體前，腳背繃直。見圖 2-31。

圖 2-28　　　　　　　　　　　　　　　圖 2-29

圖 2-30　　　　　　　　　　　　　　　圖 2-31

六、腿法

正踢腿：兩臂側平舉，立掌；一腳向前半步，腿伸直支撐身體，全腳著地；另一腳腳尖勾緊直腿踢向前額。身體保持正直，挺胸塌腰。目視前方。口訣「抬腿輕，落地松，踢起腿來扇如風」。

斜踢腿：要領同正踢腿，只是腿踢向異側耳際。

側踢腿：一腿在體前蓋步，腿伸直全腳著地；另一腿從身後起腿，直腿勾腳踢向同側耳際。

裡合腿：一腿向前半步，腿伸直全腳著地；另一腿腳尖勾緊裡合，從同側上方做扇形面擺動，落於支撐腿外側。

外擺腿：一腿向前半步，腿伸直全腳著地；另一腿腳尖勾緊，踢向異側上方經面前扇形回落。

彈腿：兩腳並立腿伸直，兩手叉腰，一腳向前半步，腿伸直全腳著地；另一腿屈膝提起，膝與腰平，腳面繃直用力向前彈出，高與腰平。目視前方。

蹬腿：兩腳並立腿伸直，兩手叉腰，一腳向前半步，腳伸直拳腳著地；另一腿屈膝提起，膝蓋過腰，腳勾緊用腳後跟向前猛力蹬出，腳跟同腰高，腿成一線。目視前方。

側踹腿：一腿支撐，另一腿屈膝提起，大腿儘力收靠身體，腳尖勾緊，向體側用力踹出，身體側傾，力達腳掌心。

截踢腿：一腿屈膝支撐身體，全腳著地，另一腿屈膝提起，腳勾起腳後跟貼靠支撐腿膝蓋，用力向側面蹬踹，力達腳心。

攔門腳：一腿微屈支撐身體，全腳著地，另一腳借腰力提膝翻腳，向前攔擊，力達腳心。

第二節 ·
唐手拳身體
素質訓練

一、柔韌訓練

柔韌：柔韌是指大幅度完成動作的能力。它取決於肌肉、韌帶的彈性和關節活動範圍的大小，也取決於神經支配工作肌肉緊張與放鬆的協調能力。柔韌性的好壞直接影響人體動作的協調性、靈活性、幅度大小。

腿部的柔韌訓練：諺語「人老先由腿上見，步履維艱枴杖添」。柔韌訓練的方法有：正壓腿、側壓腿、後壓腿、正搬腿、側搬腿、後搬腿、橫劈叉、豎劈叉、前擺踢、側擺踢、外擺踢、後擺踢等。

拳諺「練拳不活腰，終究藝不高」。腰部的柔韌訓練方法有：前俯

腰、側撐腰、涮腰、下腰、探腰、翻腰等。

肩部的柔韌訓練方法有：單臂繞環、掄臂環繞、握棍轉肩、前壓肩、後壓肩、側拉肩、反搬肩等。

二、靈敏訓練

靈敏性是各項技能和素質的綜合表現，可在突發狀況下迅速改變身體位置時表現出來。靈敏素質主要取決於大腦皮質神經過程的靈活性，主要是在多組合、高難度、技術性強的運動中得到發展。

1. 突破防區訓練

在直徑三米的圓圈內，兩人各占半圓，一人防守，另一人設法利用真動作或假動作（晃動、躲閃）擺脫防守者，進入對方防守區，不准拉、撞對方。

2. 觸碰訓練

兩人站在約二點五米的圓圈內，做巧摸對方肩部的練習，可以比一比在相同時間內，誰摸的次數多。

3. 官兵捉賊訓練

所有訓練者站成圓圈分散開，兩人出列做剪刀石頭布，贏者為官兵輸者為賊，賊只能穿樁跑（只能在人縫間穿梭），官兵隨便跑追，賊貼靠任意人，被貼靠者即變成賊，賊如果被官兵抓到，賊就變成官兵，如此反覆練習。

4. 找朋友練習

所有訓練者站成一圓圈並均勻分開，教練員在「順時針跑」、「逆時針跑」、「高抬腿跑」、「變向跑」、「停」等口令中要求訓練者快速找到朋友，「找兩個、三個、四個朋友」。

三、力量訓練

拳諺：「千狠萬狠，力是根本」。力量是指克服對抗力的能力，它是身體素質中最基本的一項，正所謂「一力降十會」。訓練可以使肌纖維增粗，增加肌肉中蛋白質的含量，並改善神經系統的調節能力，從而發展力量素質。通常力量訓練採取負重訓練，克服身體重量和外界阻力的練習。鍛鍊者可根據自己的實際情況選擇練習內容。負重練習主要是通過扛槓鈴或持啞鈴深蹲起、腿捆沙袋跑步等來發展腿部力量。也可用手持啞鈴原地衝拳、臥推槓鈴、上下推舉槓鈴等來鍛鍊臂力。手抱鈴片做負重收腹，負重俯臥挺身，發展腹背肌力量。

發展全身最大力量常用方法：抓舉槓鈴和挺舉槓鈴。雙腿的下蹲起、引體向上、俯臥撐、倒立、角力、背人跑步、各種屈體等動作則是克服身體重量和外界阻力的練習。無論採用哪種方法發展最大力量，都必須保持較慢的動作速度。發展最大力量的組間間歇的時間要長，一般為三至六分鐘。

四、耐力訓練

耐力是指有機體長時間持續工作的能力，也可以看作是對抗疲勞的能

力。耐力素質包括一般耐力和專門耐力。一般耐力是指小強度或中等強度進行長時間工作的能力；專門耐力是根據不同運動項目的特點所需要的耐力。耐力訓練方法有：

1. 負重越野長跑。

2. 跳繩訓練，心率控制在150次／分鐘。每次訓練約一小時。

3. 打腳靶或沙袋，用各種拳法和腿法擊打，每組三分鐘以上，做十組，間歇一分鐘。

4. 坐樁訓練，實戰或條件實戰訓練，每次不少於五局，每局三分鐘，間歇一分鐘。

5. 跑台階，每次三組以上，每組十二分鐘，間歇三至五分鐘。

五、速度訓練

速度是指在單位時間裡完成動作的次數或使身體快速位移的能力。速度素質的表現形式有反應速度、動作速度和週期性運動中的位移速度。速度素質在武術項目中起重要作用。速度素質的優劣取決於肌肉力量的大小，技術動作的正確與合理，以及神經過程的靈活程度等。發展速度素質主要藉助於提高一般身體素質，特別是肌肉的力量與彈性，動作的協調性，發展耐力和柔韌性等。拳諺「快打慢，慢打遲」，在激烈的搏擊中，先發制人在於快，防守反擊在於快，捕捉戰機在於快。速度訓練方法有：

1. 聽聲音做動作

陪練員擊掌為號，訓練者聽到聲音馬上做一個或組合進攻動作，隨即還原警戒式。

2. 看目標出動作

　　陪練員手持訓練靶，繞著訓練者移動，陪練員突然出靶，訓練者做相應打擊動作，然後馬上保持警戒式。

3. 防守反應訓練

　　陪練員向訓練者進攻，訓練者做相應的反應動作。

4. 空擊訓練

　　陪練員掐表做記錄，訓練者提高在單位時間內做某一規定動作的次數。

5. 負重訓練

　　訓練者腿上綁上沙綁腿或者手持小沙包（啞鈴）做空擊組合訓練。

六、攻擊力訓練

　　拳諺「蠻拳打死老師傅」，說明攻擊力的重要性。競技搏擊項目是按照體重級別選定對手的，實際格鬥是不分體重級別的，士兵在前線拚殺，如果碰到的敵人體重和塊頭比自己大，就舉手投降嗎？ 真的武士必須練出自己一擊必殺的絕活。拳諺「不怕千手熟，只怕一招毒」。由於人一生的時間和精力是有限的，唐手愛好者只能根據自身條件選擇一到兩個功法練習。俗話說「樣樣都要，樣樣失掉」，切記。

1. 鐵拳功

　　（1）每日用雙拳做俯臥撐兩百下（或用雙拳做手臂倒立適當時間），

增加拳面硬度和手腕力量。見圖 2-32、圖 2-33、圖 2-34。

圖 2-32　　　　　　　　圖 2-33　　　　　　　　圖 2-34

（2）每日用拳面重擊沙包或站板五組（每組 3 分鐘），久而久之，即見真功。見圖 2-35、圖 2-36。

圖 2-35　　　　　　　　　　圖 2-36

2.鐵掌功

（1）每日用雙掌做手臂倒立適當時間，增加手臂力量。見圖 2-37。

（2）每日用雙掌擰腰順肩猛力擊打沙包或站板五組（每組 3 分鐘）。

（3）找一個石墩（高於膝平），石墩上放幾本書，用掌外緣砍擊，發音催力，氣與力合，循序漸進，堅持不懈，即可成功。見圖 2-38、圖 2-39。

圖 2-37   圖 2-38   圖 2-39

3. 鐵臂功

（1）每日堅持做手臂倒立適當時間，增加手臂力量。

（2）甩啞鈴或石鎖（唐手拳稱為「擔洋鎖」）。

（3）靠膀子，雙人靠打。

A. 弓步靠打：

①甲、乙雙方面對面站成弓步，右臂靠右臂，拳心向外。見圖 2-40。

②上動不停，甲、乙雙方右臂同時向下向外向上靠打，拳心向外。左手成掌防守。見圖 2-41。

③上動不停，甲、乙雙方右臂同時向自己左側，向下方擺臂，兩臂相靠。拳心向裡。左手成掌依附在右臂肘關節內側。見圖 2-42。

④甲方左腳上步，乙方右腳撤步，雙方成左弓箭步；雙方左臂在體前下方相靠，拳心向外。見圖 2-43。

圖 2-40　　　　　　　　　　　圖 2-41

圖 2-42　　　　　　　　　　　圖 2-43

⑤上動不停，甲、乙雙方左臂向自己右側擺開，向上擺臂，在頭頂前方相靠，右手依附左肘關節內側。見圖 2-44。

⑥上動不停，甲、乙雙方左臂向自己右側下方擺臂，在各自腹部前方相靠，右掌依附在肘關節處防守。見圖 2-45。動作依次反覆。

圖 2-44　　　　　　　　　　　圖 2-45

B. 四腳踏雪環形靠打：

①甲、乙雙方面對面站立，距離適當，雙腿併攏，雙臂微曲，雙掌緊貼褲縫。兩眼相對。見圖 2-46。

②甲方左腳向左側邁開成騎虎步，乙方同時右腳向右側邁開成騎虎步，雙方雙臂伸直張開。見圖 2-47。

圖 2-46   圖 2-47

③上動不停，甲方右腳踩踏乙方右腳，乙方右腳踩踏甲方右腳，雙方依然騎虎步相對，只是背對背站立，同時雙方右臂伸直在腰背前方相靠，拳心向外；左手成掌依附在肩關節旁邊防守。見圖 2-48。

④上動不停，甲、乙雙方步子不變，右臂向右擺動分開，然後在頭頂側前方相靠擊打，拳頭變掌，掌心斜向上；左掌依附在肩頭防守。見圖 2-49。

圖 2-48   圖 2-49

⑤上動不停，雙方同時右轉體，各自將左腳踩踏在對方左腳所在位置，同時雙方左臂都從身後向前打擊相靠，拳心向外。見圖 2-50。

⑥上動不停，甲、乙雙方騎虎步不動，左臂同時向右側擺動分開，然後向上擺動相靠，左拳變掌，掌心斜向上，雙方右手成掌依附在左臂肘關節內側。見圖 2-51。

圖 2-50   圖 2-51

（4）用小臂內外側靠打沙袋或樹幹。見圖 2-52、圖 2-53。

圖 2-52   圖 2-53

（5）馬步站立，自己兩臂相互靠打，時而左臂擺動在上，時而右臂擺動在上，每次靠擊不少於二百下。見圖 2-54、圖 2-55。

圖 2-54　　　　　　　　　　　　圖 2-55

4. 鐵腿功、鐵腳功

每天用正蹬腿、橫踢腿、側踹腿踢打沙包或樹樁五組（每組 3 分鐘）。見圖 2-56、圖 2-57、圖 2-58。

圖 2-56

圖 2-57   圖 2-58

七、抗擊打訓練

在激烈的格鬥當中，難免會遭到對手的打擊。平時訓練時注重抗擊打的訓練，能預防和減輕對手的打擊。抗擊打訓練，也是強健身體的一種訓練方法。

1. 頭功

圖 2-59

加強頭功的練習，可增強頭頸肌，增強頭部抗擊打力。先靠牆倒立，接著用頭頂支撐全部身體，收起雙手。呼吸自然，意守丹田。

練習完畢，先用手撐地，再放下兩腿，然後起立。堅持的時間越長越好。見圖 2-59。

2. 排打功

（1）堅持練習排打功，久而久之就會形成金鐘罩體鐵布裹身的能力，能抵抗拳棍的擊打。排打之前，需首先進行「氣功靶子」的練習。

圖 2-60、圖 2-61、圖 2-62、圖 2-63 為唐手拳秘傳內功「十三太保內

功」第一式「觀音合掌」的部分動作。

圖 2-60

圖 2-61

圖 2-62

圖 2-63

（2）馬步站立，用手掌或拳心拍打全身，半月後改為小型沙袋擊打，一段時間後再改為木棍擊打。排打時，由頭頸、腰肋、胸腹、大小腿、大小臂、背部等部位依次排打。用力要由輕到重，由慢到快。排打時，動作配合呼吸，要做到意到氣到、聲到勁到，協調統一。擊打時要噴氣發聲。苦練一百天即可見成效。意念要集中，最好找空氣清新、比較安靜的場所練習。見圖 2-64、圖 2-65、圖 2-66、圖 2-67。

圖 2-64

圖 2-65

圖 2-66

圖 2-67

（3）練習者坐在地上，手持一個裝滿粗沙的可樂瓶，敲打自己手臂的四個方向，由輕到重敲打，兩手臂交換練習。見圖 2-68、圖 2-69。

（4）在踢擊對手的過程中，小腿迎面骨（脛骨）特別容易受傷，碰到對方腿部或是被對方用手臂劈擊，小腿都很容易受傷，平時注意腿部的排打訓練非常重要。訓練者坐在地上，手持裝滿粗沙的可樂瓶，對自己兩腿的迎面骨進行敲打，遵循循序漸進的原則，時間一長，自然練出一雙鐵腿。見圖 2-70、圖 2-71。

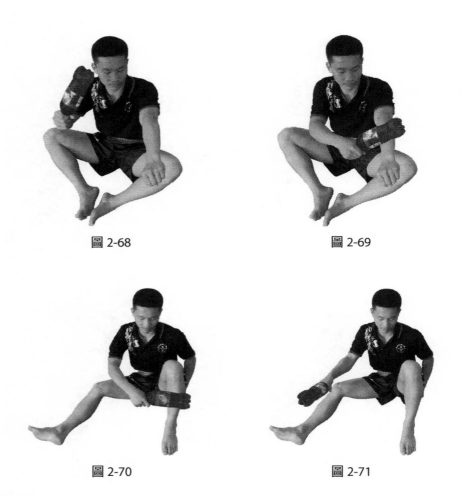

圖 2-68

圖 2-69

圖 2-70

圖 2-71

3. 倒功

前倒：兩手握拳，兩臂屈肘於胸前，拳輪向外，身體挺直，兩腳後跟提起向前傾倒，用兩小臂外側和腳尖撐地，身體不可觸地，身體繃直。可提高小臂及身體抗摔能力。

後倒：兩腳並立或開立，重心下降，身體半蹲，雙臂屈肘收於胸前，一腳向前提起上舉，上體向後跌倒，背部著地，挺髖，收下頜，眼看腹部。

側倒：身體併攏站好，一腿向異側踢出腳面繃直，身體向側面倒地，兩手向下扶地；另一腿屈膝支撐身體，身體離地懸空，倒地要迅速。

4. 互踢互打

訓練者雙方穿好護具，用拳腳相互打擊對方身體，主要打擊額頭、胸部、腹部、大腿。掌握由輕到重、由慢到快的原則。訓練要有計劃，不能想到了就練練，想不到就不練。抗擊打訓練貴在堅持，才能出效果。

八、距離感訓練

距離感是指相互間的直觀距離感覺，是指從自身拳腳所處位置，擊中對手目標的恰當距離。在激烈的搏擊當中，攻防距離並不是一成不變的，它隨雙方動作的變化而變化，在出擊的剎那間，距離稍近稍遠都不利於打擊動作的施展。良好的搏擊距離感，是取勝的關鍵。

1. 進攻的突然性訓練

訓練者根據師父的要求進行突然的出拳出腿訓練，擊中目標。

2. 目標距離判斷訓練

兩人之間繫上一根長約一點五米的繩子，繩子綁在兩人腰上。一人主動另一人被動，做步法移動訓練。

3. 打擊訓練

陪練穿好護具在場上移動，訓練者向陪練發起各種進攻，動作輕快，招招擊中陪練，陪練的移動由慢變快，培養擊打的距離感。

4. 指定動作的防守訓練

陪練向訓練者用指定動作進攻，訓練者做防守訓練，培養化解對方進攻的能力，找到拍檔及擒抓對方的最佳距離。

5. 用各種拳法和腿法擊打沙包，也可以培養距離感

多遠的距離打直拳，多遠的距離打抄拳，多遠的距離打擺拳；什麼樣的距離出什麼樣的腿，經常擊打沙包即可產生距離感。

（1）直拳擊打沙包。見圖 2-72、圖 2-73。

（2）抄拳擊打沙包，在打沙包的同時，千萬不能忘記防守動作。見圖 2-74、圖 2-75。

（3）正蹬腿擊打沙包。見圖 2-56。

（4）橫踢腿擊打沙包，見圖 2-57。

（5）側踹腿擊打沙包，見圖 2-58。

圖 2-72   圖 2-73

圖 2-74　　　　　　　　　　　　圖 2-75

九、心理素質訓練

　　拳諺「心為元帥，眼為先鋒」、「一膽、二力、三把式」，都說明了心理訓練的重要性，哪怕你武功一流，但臨陣沒膽量，也是白搭。

　　常見心理狀態：怕受傷、怯場、怕強者、怕失敗、輕敵等等。

　　筆者在漢川開武館時，曾隔窗看到了這樣一樁事：一天，筆者到武館後沒有直接進門，而是到後窗偷偷看學生們在幹什麼，這時看到，有兩個學生不知為何事發生了爭吵，最後發生了肢體衝突。平時套路練得很好的那個學生渾身發顫，講狠話的語音也發抖，全身不由他自己控制，而另一學生言辭激烈表現勇猛，上去就把平時套路練得較好的學生掀翻在地，而這個學生平時練拳拳架非常難看，表現也比較懶散。這件事充分說明了心理素質的重要性。光有打虎的本領，而沒有打虎的決心和勇氣，不敢面對老虎，再大的本領也無法發揮應有的作用。

心理訓練的目的：

    1. 克服膽小，放鬆心理。

    2. 知己知彼，奪心奪氣。

    3. 樂觀豁達，情緒高漲。

    4. 增強自信，敢於拚搏。

心理訓練方法：

    1. 模擬訓練，訓練接近搏擊格鬥實際情況，讓訓練者適應格鬥訓練。

    2. 暗示訓練，訓練者用自己的語言給自己施加影響，自我誘導、自我控制，調整心理，形成良好的心理狀態。默唸法和轉移注意力法是常用方法。

    3. 放鬆訓練，放鬆是在沒有任何活動和身體不緊張的情況下，身體、心理和情緒等方面表現出來的一種特徵。放鬆訓練就是使訓練者整個人處於一種平靜狀態，緩解疲勞。常用的方法有：深呼吸、屏氣、數數、默想、聽音樂等。

    4. 注意力訓練：根據訓練者自身特點，設計一套適合訓練者集中注意力的方法。有意守法和提示法等。

    5. 激勵調節法：用精神獎勵（讚揚鼓勵）和物質獎勵激勵訓練者。

    6. 勤加練習，多進行實戰演練，能提高人的心理素質，藝高人膽大。

十、戰略戰術訓練

    有了好的心理素質，還要有好的戰略戰術，好的戰術能起到事半功倍的作用。戰術的培養過程能促進人的身體、技術、心理、智能的增長和提高。在搏擊中正確地運用戰術，可以減少體力的消耗和無為動作。

搏擊格鬥的戰術：

1. 直攻強攻戰術：直接進攻，硬打硬進。

2. 佯攻迂迴戰術：造成假象，旁側打擊。

3. 制長制短戰術：以己之長攻彼之短，對於敵人的長處用方法使其不能發揮。

4. 體力戰術：合理分配體力，利用體力優勢拖垮對手。

5. 心理戰術：通過一系列方法和措施，給對方造成心理壓力，從而制服對手。

戰術的訓練方法：

1. 假想模擬訓練：設想一個對手，進行身臨其境的打擊。陪練模擬敵人進攻進行對抗訓練。

2. 戰例分析訓練：講解戰例、看錄像、看比賽，進行講解分析。

3. 條件實戰：針對不同的進攻方法進行條件實戰。

4. 熟練掌握幾招本門比較實用的招法訓練到出神入化。

5. 實戰比賽：多進行實戰，強過所有的解說。

第三章

猛禽唐手拳法
分解講解

唐手拳經典套路
《猛禽唐手》拳譜

（一）

開步抱拳一出場，拉臂就是一塌掌，
金雞獨立上托掌，盤膝撩手兜腮掌；
鐵臂靠山雙合掌，團身盤膝雙臂擋，
撩手抓臂一拗掌，滾肩接連一順掌；
團身盤膝雙臂搪，抓臂迎面砸鼻樑，
團身盤膝雙臂擋，拉臂斷肘上托掌；
袖裡藏刀帶鑱踢，盤膝搪擋擺肘擊。

（二）

拉臂拖引拽著走，下拉揮臂斷敵肘；
迷手玄襠一盤膝，搪擋抓臂吊掌擊，
裹手抓臂腳下擋，窄路過江驢口掌；

跨閃分臂馬口掌，制敵斷喉一削掌，
五虎攔路潭魚掌，金鵬撲水齊心掌，
野馬撩蹄拆祠堂，拉臂抄拳倒當場。

（三）

團身盤膝迷手擋，二龍戲珠鎖銙掌，
跨閃搪擋雙分掌，張飛捆豬當胸掌，
擺步迎面一劈砸，三搖三擊跑馬掌，
黃古篩窩腰橫掌，縱身躍起一劈掌，
袖裡抽刀把敵拿，跳架金梁防劈砸，
上步威肘撤步擋，金貓逼鼠拿胯掌。

（四）

移步發威虎擺頭，團身盤膝雙臂擋，
撩手抓臂一拗掌，沉身揮臂下劈擋，
窩心腳接雞心拳，拉臂截踢無影腳，
插花射拳上下打，白蛇吐信迎面搗，
團身盤膝雙臂擋，撩手抓臂一拗掌，
滾肩接連一順掌，比手挺身把敵察，
調整呼吸一按掌，抱拳敬禮再退場。

猛禽唐手拳法
分解講解

第一段

1. 抱拳禮，預備式

抱拳禮：動作要領及方法見前面「武德」章節。見圖 3-1。

圖 3-1

預備式：兩腿挺直並步站立，兩手臂微微彎曲，雙手緊貼身體側面，挺胸收腹，兩眼目視前方。見圖 3-2。

圖 3-2

2. 開步抱拳—出場，拉臂就是一塌掌

（1）左腳向左側邁開一步，兩腳之間的距離略大於肩寬。兩手臂不動，身體挺直，眼看前方。邁步時，身體不要搖晃。見圖 3-3。

（2）上動不停，雙掌變拳收抱腰際，拳心向上，拳輪緊靠身體，兩肘夾緊；同時向左甩頭，目視左方。兩腿保持挺直。抱拳、甩頭動作快速協調。見圖 3-4。

圖 3-3

圖 3-4

（3）接上動，左拳變掌向左側下按，右拳變掌從腰間由曲到直在右側從下向右向頭頂方向弧形擺起，掌心向左，同時左腿直立支撐身體，右腳屈膝在體前提起，腳背繃直。雙眼緊盯左側。見圖3-5。

（4）上動不停，右手繼續從上向下經左側前下按，掌心向下，掌尖向左。左手由下向上弧形擺動，掌心向上，掌尖向左。眼視左前方。見圖3-6。

（5）上動不停，右腿屈膝半蹲支撐身體，左腿屈膝向後收擺小腿。眼看左掌。見圖3-7。

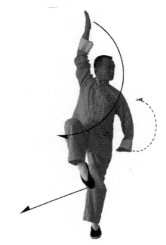

圖 3-5

圖 3-6

圖 3-7

（6）上動不停，右手由掌變成虎爪向下抓拉，收於右肩前，爪心向下，右臂大小臂疊緊成水平狀；左臂內旋左掌變虎爪掌心向下，用力向下塌掌，爪根向後，抓心向下，左臂微曲。與此同時，左腳前掌用力鋤地並發出聲音，成騎龍步。同時發內音「嗯」催力。眼看左側方。見圖 3-8。

圖 3-8

3. 金雞獨立上托掌，盤膝撩手兜腮掌

（1）接上動，右爪變掌向上向左側前方，自上而下弧形搶抓按壓，最後停在身後成八字掌，掌心向下，掌尖指向身體，右手臂微曲；左手同時手臂外旋，虎爪變掌，掌心向上托擊，五指分開，左手臂彎曲。左腿屈膝提起，腳背繃直，右腿伸直獨立支撐身體。手腳動作同時完成。眼視前方。見圖 3-9。

圖 3-9

（2）接上動，右腿屈膝半蹲支撐身體，身體微右轉，向左壓縮團身，左腿收膝向上旋打，左腳底向上，左大小腿緊貼，兩膝緊並。左手變爪向下弧形格擋（又稱迷擋），儘力擺至身後至肩關節最大範圍，爪心向上，手臂伸直；右手臂在右側弧形擺到頭頂成架掌，掌心向上，右手臂微曲，右掌尖朝左側。眼看左側。動作快速乾脆。此動作簡稱「盤膝」。見圖 3-10。

圖 3-10

（3）上動不停，左爪變掌，左臂外旋，向上撩格，掌心向上，左手臂彎曲；右臂經體前由上向下按壓，直臂擺到身後，手臂微曲，掌心向下。右腿微曲支撐身體，左腿向上提膝，腳尖繃直。手腳同動。眼看左掌。見圖 3-11。

（4）上動不停，左手臂內旋，左手掌變爪在體前自上向下抓擋，變爪收於左肩前，左臂疊緊與肩水平，爪尖向左；右手臂外旋，右掌變成虎爪從身後向體前弧形向上托打，手臂彎曲，力達掌根，爪心向上。左腳同時向左側 45°方向震腳著地（左腳跺踩敵人腳背），成左弓箭步。鼻尖、右爪尖、左腳尖在同一立面。手腳協調發力。同時發內音「嗯」催力。眼視右爪。見圖 3-12A、圖 3-12B。

圖 3-11

圖 3-12A

圖 3-12B

4. 鐵臂靠山雙合掌，團身盤膝雙臂擋

（1）接上動，兩手變掌，同時在體前向右後擺臂，右手臂伸直，左手臂彎曲，左臂外旋，右臂內旋；與此同時，右腿彎曲半蹲支撐身體，左腳翻起向後撩踢，腳背繃直，腳心向上。眼看右側。見圖 3-13。

（2）上動不停，左腳向左側邁步落地，兩臂同時從下向左側擺動，右臂微曲，右掌心向身體左側，掌尖向前；左臂彎曲，左掌依附於右肘內側。眼看右方。見圖 3-14。

（3）上動不停，右腳向前鋤地成右騎龍步（此腿法為鎖跪敵人小腿），右腳前掌鋤地時發出聲音，同時右臂彎曲向右弧形擺擊砍打，力達右掌食指外側。發力時發內音「嗯」催力。右掌尖與肩同高，右掌心斜向上；左臂彎曲，左掌附於右肘內側，作防守，眼看右掌。見圖 3-15。

圖 3-13

圖 3-14

圖 3-15

（4）接上動，右腳前踩震腳成右弓箭步（此法為踩對方腳背），同時兩手合掌向前翻轉推擊，右掌在外左掌在內，雙掌大拇指向下，兩手臂伸直，兩掌與肩水平。眼看雙掌，發力時，同時發內音「嗯」催力。見圖3-16。

（5）接上動，左臂先外旋，然後向上擺動，左掌心向右；右臂內旋，向下直臂擺動，右掌心向下。眼看前方。見圖3-17。

（6）上動不停，左臂內旋向下弧形格擋，掌心向下；右臂擺動到頭頂上方抖腕，掌心向上。眼看前方。見圖3-18。

（7）上動不停，右臂繼續下擺格擋，不能擺動時即變爪，爪心向後；左臂弧形擺到頭頂架掌，手臂微曲，掌心向上，掌尖向右；同時，左腿彎曲半蹲支撐身體，右腳向上翻打，腳尖繃直，腳底向上，兩膝併攏；右手爪停在右腳心上方。眼視右側。見圖3-19。（5）、（6）、（7）三個動作連續完成，稱為「玄襠盤膝」，為唐手拳經典動作。

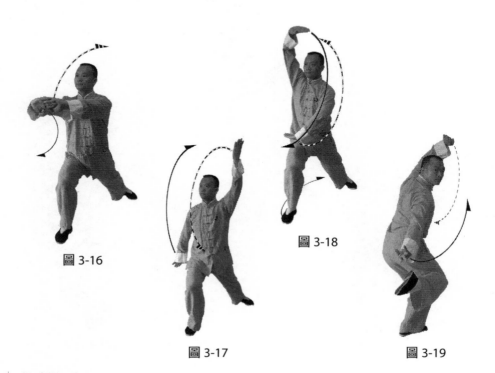

圖 3-16

圖 3-17

圖 3-18

圖 3-19

5. 撩手抓臂一拗掌，滾肩接連一順掌

（1）接上動，右手變掌，右臂外旋，右臂彎曲向上撩起，掌心斜向外；左手回落至肋部，掌心向上，掌尖朝前，掌外緣緊貼身體，肘關節夾緊。眼看右方。見圖 3-20A、圖 3-20B。

圖 3-20A

圖 3-20B

（2）上動不停，右手內旋向外抓拉，成爪收於右肩前部，右肘疊緊抬起與肩相平，爪心向右；左掌從肋部向前擊掌，力達掌外緣，掌尖向上，左臂伸直水平；同時右腳前落震腳成右弓箭步，鼻尖、右腳尖與左掌尖在同一立面上。發力的同時，須發內音「嗯」催力。眼看左掌。此動作稱為「拗掌」，為唐手拳經典動作。見圖 3-21A、圖 3-21B。

圖 3-21A

圖 3-21B

（3）接上動，重心右移，左膝頂靠右膝窩，兩腿半蹲，同時兩臂向右側下方甩擺，兩臂伸直，兩手成掌，掌尖相對，掌心斜向上，身體挺直。眼看右側。見圖3-22A、圖3-22B。

圖3-22A   圖3-22B

（4）上動不停，兩手臂繼續從下、向右、向上環形擺動到頭頂，左掌掌心向內，右掌掌心向外；兩臂旋轉上擺，兩臂微曲。眼視雙掌。見圖3-23。

（5）上動不停，身體向左擰轉，兩手臂在頭頂上方由後向前依次掃攔，左手手臂內旋，手掌抓撩；右手手臂外旋，手掌攔砍，力達掌外緣；眼視雙掌。見圖3-24。

圖3-23   圖3-24

（6）上動不停，左手變爪收靠右胸前，爪心向外；右手成掌，掌心向上，掌外緣緊靠右肋部。兩臂緊靠身體；同時左腿半蹲，右小腿旋擺腳掀踢，腳背繃直，腳底向上，兩膝緊靠。眼視右側。見圖 3-25A、圖 3-25B。（3）、（4）、（5）、（6）四個動作聯貫迅速，稱之為「玄襠滾肩」。

（7）接上動，左肘後頂，左爪後拉，左爪停靠左肩前，爪心向左，左肘略與肩同高；右掌向右側擊打，力達掌外緣，手臂水平，掌尖向上。同時右腳震腳落地成騎虎步；手腳齊動齊停，發內音「嗯」催力；鼻尖、右掌尖、右腳尖在同一立面上。眼看右掌。見圖 3-26A、圖 3-26B。

圖 3-25A

圖 3-25B

圖 3-26A

圖 3-26B

6. 團身盤膝雙臂搪，抓臂迎面砸鼻樑

（1）接上動，左手擺到頭頂左側上方，掌心向內；右手向下擺到身後，手臂伸直，身體略起立，兩腿微微彎曲。眼視右側。見圖3-27。

（2）上動不停，左臂在體前向下弧形格攔，掌心向下；右臂繼續向後向上擺到頭頂，手臂微曲，掌心向上。眼看右側。見圖3-28。

圖 3-27

圖 3-28

（3）上動不停，左臂從下向左向上繼續擺到頭頂成架掌，掌尖向右，掌心向上，手臂微曲；右臂經體前向下攔擋，不能擺動時即變爪定住，爪心向上，手臂伸直；同時，左腿半蹲支撐身體，右腳向右擺起旋踢，成盤膝，腳背繃直腳心向上。眼視右側。見圖3-29A、圖3-29B。

圖 3-29A

圖 3-29B

（4）接上動，左手自上向下向右搶抓，右爪變拳經左腋窩向右側前方弧形向下砸擊，力達拳峰，右手臂微曲，右拳略比肩高，左手掌附於右肘內側成防守狀；同時，右腳震腳落地成騎虎步。發內音「嗯」催力。眼視右拳。見圖 3-30A、圖 3-30B。

圖 3-30A

圖 3-30B

7. 團身盤膝雙臂擋，拉臂斷肘上托掌

（1）接上動，左手擺到左側頭頂，掌心向右方，掌尖向上；右手向下擺到身後，掌心向下，手臂伸直。身體微起立，兩腿微微彎曲。眼視右側。見圖 3-31。

（2）上動不停，左臂在體前向下弧形格攔，左臂微曲，左掌掌心向下；右臂繼續向後向上擺到頭頂，掌心向上。眼看右側。見圖 3-32。

圖 3-31

圖 3-32

（3）上動不停，左臂從下繼續向左、向上擺到頭頂成架掌，掌心向上，掌尖向右；右臂經體前向下攔擋，不能擺動時即變爪定住，爪心向上，手臂伸直。同時，左腿半蹲支撐身體，右腳向右擺起旋踢，成盤膝。眼視右側。見圖 3-33A、圖 3-33B。

（4）接上動，左手自上向右側下方搶抓，右爪變虎爪自下向右上托打，高與肩平，左掌依附於右肘內側，同時右腳震腳成騎虎步，手腳齊動齊停，發力時發內音「嗯」催力。見圖 3-34A、圖 3-34B。

圖 3-33A　　　　　　　　　　圖 3-33B

圖 3-34A　　　　　　　　　　圖 3-34B

8.袖裡藏刀帶鑹踢，盤膝搪擋擺肘擊

（1）接上動，兩手同時變掌，左掌移到右肘底下，兩掌尖均朝前；右腳支撐身體，左腳經右腳內側擦地，準備向前鑹踢。眼看前方。見圖3-35。

（2）上動不停，左掌掌尖前方直臂戳擊，四指緊並，力達掌尖，掌心向上手臂水平；右掌收回右肋部，掌外緣緊貼肋部，掌心向上；同時，左腳擦地向右前踢擊，力達腳前掌，腳尖勾緊，左腿伸直，左腳後根與右膝同高，手腳齊動齊停。眼看前方。見圖3-36。

（3）接上動，左掌變爪的同時，經體前向下弧形攔擋，擺至身後不能擺動即停止，爪心向上，左手臂伸直；右掌從肋部，向下、向後向上擺到頭頂成架掌，掌心向上，掌尖朝左方。同時，右腿半蹲支撐身體，左腿腳尖繃緊向後旋擺，腳底向上，兩膝緊靠成盤膝。眼視左側前方。見圖3-37。

圖 3-35

圖 3-36

圖 3-37

（4）接上動，身體微立，左臂外旋，左爪變掌在體前自下而上撩擋，掌心向上，手臂外旋，左手臂彎曲；右臂經體前弧形下壓擺到身後，掌心向下；同時，右腿微曲支撐身體，左腿向上提膝，腳尖蹦緊；身體站穩不能搖晃。眼看左掌前方。見圖 3-38。

圖 3-38

（5）上動不停，右手變拳，右臂變肘向左前橫擺擊，左掌貼擊右拳背並發出響聲，左臂緊貼身體；同時左腿震腳成左弓箭步，眼看右肘尖前方。發力時發內音「嗯」催力。見圖 3-39A、圖 3-39B。

圖 3-39A   圖 3-39B

第二段

9. 拉臂拖引拽著走，下拉揮臂斷敵肘

（1）接上動，身體右擰轉，左掌從右臂內側向下插，左臂向下右臂向上分開，左掌掌心斜向下，左臂伸直；右臂微曲上舉，右掌掌心向上；與此同時，左腿獨立支撐身體右腿曲膝提起，右腳背伸直。手腳齊動。眼看左側。見圖 3-40。

（2）上動不停，右腳落地，兩腿微曲準備蹬地向右後躍步，眼看左方。見圖 3-41。

（3）上動不停，兩腳蹬地向右側躍跳一步，右手自上向下在體前下抓，左手擺動到左後準備橫擊。躍起時發「呀呀」音。眼看左側。見圖 3-42。

圖 3-40

圖 3-41

圖 3-42

（4）上動不停，右手擺拉停在襠前，掌心向左，掌尖向下，右臂伸直；左手臂從後向前用小臂揮擊，手臂外旋，小臂垂直於地面停在面前，掌心斜向自己；手腳齊動，成騎虎步。眼看左側。見圖 3-43。（1）、（2）、（3）、（4）四個動作連續完成。

圖 3-43

10. 迷手玄襠一盤膝，搪擋抓臂吊掌擊

（1）接上動，左手向下、向後弧形迷擋，不能擺動時停住變爪，爪心向上，手臂伸直；右手向右、向後、向上擺動，至頭頂時掌心向上成架掌，掌尖朝左，手臂微曲；同時，右腿半蹲支撐身體，身體微右轉，身體向左側團身，左腳翻起玄襠成盤膝。手腳齊動，眼看左側。見圖 3-44。

圖 3-44

（2）接上動，身體稍立起，右手從上沿左側向下按壓，掌心向下；左手手臂先外旋，在體前經右腋窩從下向上穿擺，準備撩抓，掌心向上。眼看左側。見圖 3-45。

（3）上動不停，左臂內旋，手掌下抓；右臂從下向後向上擺動，掌心向前。眼看前方。見圖 3-46。

（4）上動不停，右手臂伸直從上向下向前，用掌背扇打，手臂水平；左掌掌心向上迎擊右手腕，發出聲音；同時，左腳震腳著地成左弓箭步；手腳齊動齊停，發內音「嗯」催力。眼看右掌前方。見圖 3-47。（1）、（2）、（3）、（4）四個動作一氣呵成。

圖 3-45

圖 3-46

圖 3-47

11. 裹手抓臂腳下擋，窄路過江驢口掌

（1）接上動，右手手臂內旋，右掌向左側外翻，掌心向前；左掌向下伸開，眼看兩掌。見圖3-48。

（2）上動不停，兩手掌順時針旋轉纏繞，兩手變虎爪，左手在上右手在下；同時，左腳彎曲獨立支撐身體，右腳彎曲向體前攔掃，腳底向前，右腳與左大腿同高，眼看雙掌。見圖3-49A、圖3-49B。

（3）上動不停，左虎爪向前抓，爪心朝前；右虎爪收回腰間，虎爪緊靠腰部，爪跟向上，爪心向前。眼看左虎爪。見圖3-50。

圖3-48　　　　　　　　　　　　　　圖3-50

圖3-49A　　　　　　　　　　　　　圖3-49B

（4）上動不停，右腳向前跺腳著地成騎虎步，右虎爪沿右大腿向斜前下方推擊，右虎爪停在右膝前，虎口向前；左虎爪收至左肩前，爪心向左，左肘與肩平。手腳齊動；全身發力的同時，跺腳發內音「嗯」催力。眼看右虎爪方向。見圖 3-51A、圖 3-51B。

圖 3-51A

圖 3-51B

12. 跨閃分臂馬口掌，制敵斷喉一削掌

（1）接上動，左腳向左前側跨踩一步，同時兩手臂掌心向上交叉疊靠在身體左前方，兩手臂微微彎曲；由於是中間動作，沒有固定步型，有點像高弓箭步，眼看右側。見圖 3-52A、圖 3-52B。

圖 3-52A

圖 3-52B

（2）上動不停，兩手臂內旋，兩掌心均向下，兩手臂伸直向外分開。眼看右側方向。見圖 3-53。

（3）上動不停，兩手掌收到兩腰側，兩掌均變為虎爪，爪心向身前，同時右腿提膝，右腳背繃直，眼看右側。見圖 3-54。注意（1）、（2）、（3）三個動作快速連續完成。

（4）接上動，左爪向右側下方用力推出，掌根向上，此種掌形俗稱「馬口掌」，右手變掌依附於左肘關節內側；與此同時，右腳在右側跺腳著地，發內音「嗯」催力，眼看左虎爪方向。見圖 3-55。

（5）接上動，左虎爪變掌，掌心斜向上向左側上方挑削，手臂伸直；右掌依附於左肘內側，掌尖向上，眼看左掌方向。見圖 3-56。

圖 3-53

圖 3-54

圖 3-55

圖 3-56

13. 五虎攔路潭魚掌，金鵬撲水齊心掌

（1）接上動，左掌在體前弧形下壓搪擋，掌心向下，掌尖向右；右掌在右側弧形擺到頭右側上方，掌心向上。眼看體前。見圖 3-57。

（2）上動不停，左腳向右前方蓋步，同時右手在體前下壓，左手繼續擺到身後。眼看右側方向。見圖 3-58。

（3）上動不停，左腿彎曲支撐身體，右腳向體前攔擋，腳尖勾緊；同時，左手變虎爪，左小臂向體前擋攔，爪心斜向上；右掌變虎爪收回右腰側，右虎爪爪心向體前，爪根向上，手腳齊動，動作協調。眼看右側方向。見圖 3-59。

（4）上動不停，右小臂向體前弧形格擋，與左小臂成交叉狀，右臂在內，兩臂攔夾，兩虎爪爪心斜向上。眼看右側方向。見圖 3-60。

圖 3-57

圖 3-58

圖 3-59

圖 3-60

（5）上動不停，右腳在右側震腳落步成騎虎步，同時右手臂內旋，右虎爪爪心向外向右側擊打，右手臂伸直與肩平齊；左虎爪收到左肩前，爪心向左側，左肘與肩平。發力時發內音「嗯」催力。見圖 3-61A、圖 3-61B。（1）、（2）、（3）、（4）、（5）五個動作聯貫完成。

（6）接上動，重心移至左腳，身體微起立，兩虎爪變掌，兩臂伸直經右下方向左側上方弧形擺動，兩掌心向外，兩臂伸直。眼看右側。見圖 3-62。

（7）上動不停，右腳前踏一步，兩手臂從右向上擺至右上方，兩臂伸直，兩掌準備變虎爪，掌心向外。重心偏移右腳。眼看前方。見圖 3-63。

圖 3-61A　　　　　　　　　圖 3-61B

圖 3-62　　　　　　　　　圖 3-63

（8）上動不停，左腳貼地向前橫掃，與此同時，兩手臂從上向下向後揮擺，用爪心拍擊，打倒敵人。眼看左側。見圖 3-64A、圖 3-64B。

（9）上動不停，連續完成下面動作。上動左腳掃到不能再動的時候，左腳緊接著貼地回擺，成右弓箭步；與此同時，左虎爪在身後自下而上向前用爪心兜擊，左虎爪高於肩平，左臂彎曲；右虎爪收於右肩前，爪心向外，右肘與肩同高；鼻尖、左爪尖、右腳尖三尖對齊，在同一個刀切面上。眼看左虎爪方向。見圖 3-65A、圖 3-65B。（6）、（7）、（8）、（9）四個動作聯貫完成，快速有力，乾淨利落。

圖 3-64A　　　　　　　　　　　　圖 3-64B

圖 3-65A　　　　　　　　　　　　圖 3-65B

14. 野馬撩蹄拆祠堂，拉臂抄拳倒當場

（1）接上動，左臂內旋，左虎爪變掌，在體前自上向下攔擋，掌心向下；同時，右虎爪變掌，右臂在右側自下向上擺到頭頂，掌心向上。眼看右側方向。見圖3-66。

（2）上動不停，擺動右臂，右手自上向下向外撩抓；左手繼續擺到頭頂成架掌，左手掌心向上，手臂微曲；同時，重心移動右腿，右腿半蹲支撐身體，左腳腳尖繃直向右後側撩踢，腳底朝上。眼看右側。見圖3-67。

（3）上動不停，左腳著地，腿微曲獨立支撐身體，右腳腳背繃直，屈膝提起；右手臂直臂擺到屁股後面。眼看右側方向。見圖3-68。

圖 3-66

圖 3-67

圖 3-68

（4）上動不停，右腳跺腳著地，同時右手變拳，從下向右向上抄擊，拳略比肩高；左手下落附於右肘內側。發內音「嗯」催力。眼看右拳。見圖 3-69A、圖 3-69B。（1）、（2）、（3）、（4）四個動作連續完成。

圖 3-69A   圖 3-69B

第三段

15. 團身盤膝迷手擋，二龍戲珠鎖銬掌

（1）接上動，右腿半蹲支撐身體，左腳腳背繃直向上玄襠撩踢，腳底向上，同時左手變爪向下向後迷擋，爪心向上，左手臂伸直後擺；右手手臂擺架到頭頂，掌心向上，手臂微屈。眼看左側。見圖 3-70。

圖 3-70

（2）接上動，身體微起，右腿微曲支撐身體，左腿提膝，腳背繃直；右手掌向身體前方按壓，左手臂外旋，從後自下向上穿過右肘內側，右手繼續向後向下擺動一週，最後變戳指停在右耳旁邊，戳指指尖向左側；左臂彎曲，掌心斜向左側，掌尖向上。眼看左前方。見圖3-71A、圖3-71B。

圖 3-71A

圖 3-71B

（3）上動不停，左手臂內旋，左手掌向前抓拉，右戳指向前戳擊，右臂伸直，右手臂水平，左手掌變爪停在左肩前，爪心向左側，左肘疊緊與肩水平；與此同時，左腳震腳著地，成左弓箭步，發內音「嗯」催力。眼看戳指前方。見圖3-72。

（4）接上動，左手變掌，掌心向上穿到右手下方，同時右戳指也變掌，當兩掌根相靠的時侯，兩手掌儘力分指張開，做抓拿狀。眼看雙掌。見圖3-73。

圖 3-72

圖 3-73

（5）上動不停，兩手掌同時順時針旋轉抓撩，向胸前收回的同時，兩手掌變虎爪，爪根相靠，左爪在上右爪在下，兩虎爪爪心均向前；與此同時，重心移至左腿，左腿彎曲支撐身體，右腳腳尖勾起，從後向前用腳底攔踢，右膝約成直角。眼看前方。見圖3-74。（4）、（5）兩動作快速聯貫。

（6）接上動，兩虎爪緊靠，同時用力向前推出，左手臂水平，左爪在上右爪在下，爪心均向前；與此同時，右腳踝腳著地，成右弓箭步；同時發內音「嗯」催力。眼看雙虎爪方向。見圖3-75。

圖 3-74   圖 3-75

16. 跨閃搪擋雙分掌，張飛捆豬當胸掌

（1）接上動，兩臂內旋，兩虎爪變掌，拇指張開，兩手臂伸直向下向外分開，兩掌心斜向下。眼看左側方向。見圖3-76。

圖 3-76

（2）上動不停，左腳向左前側橫踩一步，與此同時，兩手臂自下向上，在體前相交，左手臂在上右手臂在下，兩臂彎屈，兩手均為八字掌，掌心斜向自己。眼看前方。見圖 3-77。

（3）上動不停，左腿微屈支撐身體，右腿腳背繃直在體前提膝，與此同時，兩手臂內旋向上向外分開，當兩手臂接近伸直的時候，兩手同時變為虎爪，兩虎爪爪心向外。眼看前方。見圖 3-78。

（4）接上動，兩虎爪同時向前夾擊，力達爪根，左爪打上，右爪打下，左手臂彎曲，右手臂伸直；與此同時，右腳踩腳著地，成右弓箭步，兩爪根與右腳尖在同一切面上；發力的同時發內音「嗯」催力。眼看前方。見圖 3-79A、圖 3-79B。

圖 3-77

圖 3-78

圖 3-79A

圖 3-79B

17. 擺步迎面一劈砸，三搖三擊跑馬掌

（1）接上動，右腳向身體內側跺腳落步，成騎虎步；左虎爪變掌，右虎爪變拳，掌心、拳心均向右側。眼看右側方向。見圖 3-80。

（2）上動不停，右拳經左腋窩向右向下劈砸，右臂微曲，拳高約與肩平；左手掌心貼靠右肘關節內側，眼看右拳方向。見圖 3-81。（1）、（2）兩個動作一氣呵成，與跺腳同時完成。

（3）接上動，右拳變掌，手臂內旋向外用掌根擊打，手指微曲；左掌向左側向外擺動。擊掌的同時，右腳跺腳前移，左腳跟進，仍成騎虎步；震腳之時，發音「咿呀」催力。眼看右側方向。見圖 3-82。

圖 3-80

圖 3-81

圖 3-82

（4）接上動，右手臂外旋右掌向身體內側橫向擊打，左掌擺動到掌背緊貼右肘內側，兩掌掌心斜向上方，兩掌手指微曲；與此同時，右腳震腳前移左腳跟進仍成騎虎步，擊掌的同時發音「嗨」催力。眼視右側前方。見圖 3-83。

圖 3-83

（5）接上動，右手臂內旋，右掌向外擊打，掌心向外，手臂伸直；左掌擺到腹前，掌心向下，手臂彎曲；與此同時，右腳震腳踏步前移，左腳跟進成騎虎步；踏步擊掌的同時，發音「咿呀」催力。眼看右掌方向。見圖 3-84。（3）、（4）、（5）三掌連擊，加上步伐連續向前擠步追擊，此招法稱為「三搖三擊跑馬掌」，此三掌的掌形同「虎掌」。

圖 3-84

18. 黃古篩窩腰橫掌，縱身躍起一劈掌

（1）接上動，左虎掌變掌，經體前從下向上格架，手臂微曲，左掌心斜向上方；右虎掌同時變掌，手臂伸直擺到身體右側，右掌心向下，眼看左手掌。騎虎步不動。見圖 3-85。

（2）上動不停，右掌經體前，由下向上架格，掌心斜向上；左掌從上經身體左旁擺到左下側，掌心向下，手臂微屈，騎虎步不動。眼看右手。見圖 3-86。

（3）上動不停，左掌經體前從下向上架格，手臂微屈掌心斜向上；右手臂伸直從上擺到身體右側，掌心向下，騎虎步不動，眼看左掌方向。見圖 3-87。（1）、（2）、（3）三個動作一氣呵成，聯貫迅速，此動作俗稱「黃古篩窩」（「黃古」是一種帶刺的魚類）。

圖 3-85

圖 3-86

圖 3-87

（4）接上動，右掌在體前抄起，左手臂經體側擺到胸前，兩手臂貼緊停在胸前，左手臂在外，左手掌心斜向上，右手掌心斜向左側；與此同時，左腿彎曲支撐身體，腰略向左轉，身體略向右團身，右腿玄襠盤膝掀起，兩膝緊靠。眼看右側。見圖 3-88。

（5）接上動，右手掌向右側橫向砍出，力達掌外緣，掌心向下，手臂伸直與肩水平；左手掌變爪內掏，收靠在左肩前，手臂疊緊，爪心向左，左肘與肩水平；與此同時，右腳在右側跺腳著地，成騎虎步，發力的同時發內音「嗯」催力。眼看右掌方向。見圖 3-89。

（6）接上動，兩腿同時蹬地向左斜前方躍步跳起，落地時成左同膝步，右掌從右側向上向下向前輪劈，力達掌外緣；左爪變掌，左手腕迎擊右小臂，兩臂交叉停在體前，右臂微屈右掌尖略與眼高，左臂彎曲左掌心斜向下，左掌掌背緊貼右臂；身體挺胸，劈掌時發內音「嗯」催力。眼看右掌方向。見圖 3-90。

圖 3-88

圖 3-89

圖 3-90

19. 袖裡抽刀把敵拿，跳架金梁防劈砸

（1）接上動，左小臂外旋，左掌心轉到朝上；右小臂內旋，右掌變爪，爪心向右側。眼看右手。見圖3-91。

（2）上動不停，右腳向右側橫跨一步，眼看前方。見圖3-92。

（3）上動不停，重心移至右腳，左腿伸直左腳貼地向前掃擊，不能掃時即止；與此同時，左手臂伸直從前向後橫擺掃打，力達手掌，手心向上；右爪向右橫抓，最後收靠在右肩前，右臂疊緊，兩臂在一傾斜直線上；左臂低右臂高；眼看左前方。此動作稱「袖裡抽刀」。見圖3-93。

圖 3-91

圖 3-92

圖 3-93

（4）接上動，兩臂擺到腹前，兩臂伸直，兩掌疊交，左掌在下右掌在上，兩掌心均朝上，兩掌擊響；身體微左擰轉；眼看左側方向。見圖3-94。

圖 3-94

（5）上動不停，兩腿同時蹬地，身體向左旋轉約 180°，兩腳同時落地成騎虎步；與此同時，兩手臂同時內旋，向頭頂架擋，兩臂微屈，兩掌心均朝上，指尖相對。眼看前上方。見圖 3-95A、圖 3-95B。

圖 3-95A

圖 3-95B

20. 上步威肘撤步擋，金貓逼鼠拿胯掌

（1）接上動，眼看右手，右手掌自上從右側向下變爪下抓，右爪心向下，右手臂略與肩平；左手掌變爪收於左肩前，左手臂疊緊，左爪心向左側，騎虎步不動。眼看右手。見圖 3-96A、圖 3-96B。

圖 3-96A

圖 3-96B

（2）上動不停，左腳向右側上一步，身體撐轉 180°，成騎虎步；與此同時，右手手爪下抓拉，左肘疊緊從下向右向上挑擊，不能挑動即止，左手在挑肘時由爪變掌，左肘停頓時，左掌心向自己；右肘疊緊，右手爪收至右肩前，右肘與肩水平，右爪爪心向右側。眼看左肘尖方向。此動作稱「威肘」。見圖 3-97。

（3）接上動，左掌變拳用力從上向前向下直臂劈擊，力達拳輪；拳心斜向自己；身體不動，眼看左前方向。見圖 3-98。

圖 3-97

圖 3-98

（4）上動不停，左腳向右側後退一步（身體左轉180°），仍成騎虎步；右手爪變拳，自上向下向體前輪劈，力達拳輪，手臂伸直拳心向自己；左拳變掌依附於右肩前，掌心向右側。眼看右側方向。（1）、（2）、（3）、（4）四個動作一氣呵成，聯貫有力，乾淨利落。見圖3-99A、圖3-99B。

圖 3-99A　　　　　　　　　　圖 3-99B

（5）接上動，左腳向身體正前方跨一步，步型同左弓箭步（中間過渡動作沒有步型）；同時，兩手成掌在胸前交叉，左手臂在上，右手臂在下，兩八字掌掌心朝上，兩臂均彎曲。眼看右側方向。見圖3-100。

（6）上動不停，兩手臂內旋，兩掌心均轉朝下。眼看右側方向。見圖3-101A、圖3-101B。

圖 3-100　　　　　圖 3-101A　　　　　圖 3-101B

（7）上動不停，雙手伸直外分，兩手同時變虎爪，收於兩腰側，爪心均向下，在雙手收回腰間的同時，重心移至左腳，左腿微曲支撐身體，右腿屈膝提起，準備落步別腿。眼看右前方。見圖 3-102A、圖 3-102B。

（8）上動不停，右腳在右斜方約 45°踩腳著地，成右弓箭步；與此同時，雙虎爪同時向下推出，右虎爪在前，左虎爪在後，停於右膝斜上方，發內音「嗯」催力。眼看雙虎爪。見圖 3-103A、圖 3-103B。

圖 3-102A   圖 3-102B

圖 3-103A   圖 3-103B

第四段

21.移步發威虎擺頭，團身盤膝雙臂擋

（1）接上動，右腳向右後撤步，成騎虎步；同時，右虎爪變掌，經體前從下向上撩擋，掌心斜向外，停於頭頂右上方；左虎爪變掌，停於右腹前。兩手臂均微微彎曲。眼看前方。見圖 3-104。

（2）上動不停，左臂先外旋再內旋，左手掌從下經體前向上撩擋，左掌心向右；右臂自上向下向後擺打，力達掌根，掌心斜向下，騎虎步不動。眼看前方。見圖 3-105。

（3）上動不停，左掌從上向前向後擊打，力達掌根，手臂伸直；右手掌變拳，從後向前向上抄擊，力達拳峰，拳高與肩平。眼看右拳。見圖 3-106A、圖 3-106B。

圖 3-104　　　　　　　　　　　圖 3-105

圖 3-106A　　　　　　　　　　圖 3-106B

（4）上動不停，左手掌從後向上向前用掌根擊打，手臂彎曲，掌根高與肩平；右臂內旋，右拳向下向後擺打，拳心向後，右手臂不能擺動即止。眼看左掌。見圖 3-107A、圖 3-107B。

圖 3-107A

圖 3-107B

（5）上動不停，右拳從後直臂向前擺擊，力達拳峰，拳心斜向下；左掌掌心緊貼右肘關節內側，掌指向上。眼看前方。見圖 3-108。（1）、（2）、（3）、（4）、（5）五個動作連續完成，稱為「虎擺頭」。

（6）接上動，左臂向上擺到頭頂，左掌掌心向右；右拳變掌，右臂向下向後攔擋，掌心向下。眼看右前方。見圖 3-109。

圖 3-108

圖 3-109

（7）上動不停，左臂向右向下擺擋，掌心向下；右臂向後向上擺到頭頂，掌心向上。步子不動。眼看右側方向。見圖 3-110。

（8）上動不停，右臂向前向下向後弧形擺擋，不能擺動即止，右掌在右臂將要停止時變爪，爪心向上；左臂向左向上擺到頭頂成架掌，掌心向上；同時向左團身束腰，左腿半蹲支撐身體，右腿玄襠盤膝，腳底向上。眼看右側方向。見圖 3-111。（6）、（7）、（8）三個動作連續快速完成，乾淨利落。

圖 3-110　　　　　　　　圖 3-111

22.撩手抓臂一拗掌，沉身揮臂下劈擋

（1）接上動，右臂外旋，從後向前向上撩抓，右爪變八字掌，掌心斜向自己；同時，左臂收攔於左肋部，掌心向上，掌外緣緊貼身體。眼看右側方向。見圖 3-112。

圖 3-112

（2）上動不停，右臂內旋，右掌心向前向右撩抓，右掌變爪停於右肩前，手臂疊緊，爪心向右；左掌直線向前推擊，手臂高與肩平，左臂伸直，掌尖向上，力達掌外緣；鼻尖、左掌尖、右腳尖對齊，在同一切面上；擊掌的同時，右腳向右側方 45°跺腳落步成右弓箭步，震腳的同時發內音「嗯」催力。眼看左掌方向。見圖 3-113A、圖 3-113B。

圖 3-113A　　　　　　　　　　　　圖 3-113B

（3）接上動，左臂向下向後剎擋，不能擺動時即停止，左掌變爪，爪心向上，手臂伸直；右臂右手不動；左手臂下跺的同時，左腳前掌鋤地並發出聲音，左腿收靠右腿，身體坐在左腳上；右腿全蹲，全腳掌著地。眼看左側方向。見圖 3-114A、圖 3-114B。

圖 3-114A　　　　　　　　　　　　圖 3-114B

23.窩心腳接雞心拳，拉臂截踢無影腳

（1）接上動，兩腿伸直起立，身體直立的同時，左爪變掌收攔於左肋部，左手掌心向上，掌外緣緊貼肋部；右手不動。眼看左前方。見圖 3-115A、圖 3-115B。

（2）上動不停，右腿微曲支撐身體，左腿快速屈膝，然後向左側蹬腿，腳尖勾緊，力達腳後跟；與此同時，左掌從肋部向左推擊，與左腳腳背相擊，並發出聲音，手臂伸直，掌尖向右側。右手在左掌與左腳相擊的瞬間收回腰間，右爪變雞心拳，拳心向上，拳輪緊靠腰部。此腿稱「窩心腳」。眼看前方。見圖 3-116A、圖 3-116B。

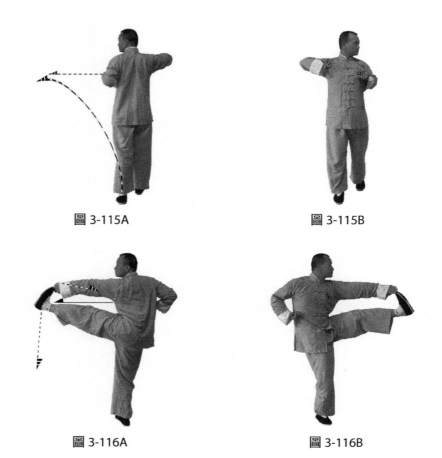

圖 3-115A　　　　　　　　　　圖 3-115B

圖 3-116A　　　　　　　　　　圖 3-116B

（3）接上動，右拳從腰間向前直線衝擊，右手臂水平，拳眼向上，拳心朝左；左掌在右拳衝出的剎那依附於右肘內側，掌心緊貼右肘內側，掌尖向上；與此同時，左腳跺腳著地，成左弓箭步，發力時，配合發內音「嗯」催力。眼看右拳方向。此拳又稱「窩心拳」。見圖 3-117。

（4）接上動，雙手變掌同時向下向左後擺動，掌心斜向後，兩手臂伸直，身體不動，眼看前方。見圖 3-118。

（5）上動不停，雙臂伸直，從後向上、向前弧形擺動，雙掌掌心向前，雙臂伸直，眼看前方。見圖 3-119。

圖 3-117

圖 3-118

圖 3-119

（6）上動不停，雙掌向前掠抓向下擺動，最後收回右腰部，右掌變拳拳輪緊靠腰部，拳心向上；左掌變虎爪，掌根緊貼右拳，爪心向後；同時左腿彎曲支撐身體，右腳後跟經過左膝，右腿向前截踢，腳心向前，腳尖斜向右上側。眼看前方。見圖 3-120A、圖 3-120B。

圖 3-120A　　　　　　　　　　　圖 3-120B

24. 插花射拳上下打，白蛇吐信迎面搗

（1）接上動，右拳快速從腰間上提至右肩，然後向前斜下方插擊，右臂伸直，拳峰向前，拳心斜向下方；左爪變掌，掌心貼靠右肩，掌尖向上；同時右腳向前踏擊落步，成右弓箭步。眼睛盯住前方，餘光看右拳。見圖 3-121。

圖 3-121

（2）上動不停，身體略後閃，弓步變為半騎虎步，左手向前向下壓，手臂微曲，掌心向下掌指向右停在胸口水平線上；右手直接收回腰間，拳心向上拳輪緊靠身體。眼看左掌前方。見圖3-122A、圖3-122B。

圖3-122A　　　　　　　　　　　圖3-122B

（3）上動不停，右腳向前踏步，成右弓箭步，同時右拳從腰間向正前上方射出，力達拳峰，拳心斜向上，手臂伸直；左掌收到右腋下，掌背緊貼腋窩，掌心向下。眼看右拳。此拳稱為「射拳」。見圖3-123。（1）、（2）、（3）三個動作一氣呵成，快速聯貫。

圖3-123

（4）接上動，步子不動，左掌從腋窩掌尖朝前，向前直臂水平射出，掌心向下，手臂伸直；同時，右拳變掌，手腕緊靠胸前，掌心向下，掌尖向前，手臂靠緊身體，身體不動。眼看左掌前方。見圖 3-124A、圖 3-124B。

圖 3-124A   圖 3-124B

（5）上動不停，步子不動，右掌從胸部向前水平射出，力達掌尖，掌心向下，手臂伸直；同時，左掌收到胸前，手腕緊貼胸部，掌心向下，掌尖朝前，手臂緊貼身體。眼看右掌前方。見圖 3-125。

（6）上動不停，步子不動，左掌向前水平射出，力達掌尖，掌心向下，手臂伸直；同時，右掌收到胸前，手腕緊靠胸部，掌心向下，掌尖朝前。眼看左掌。見圖 3-126。（4）、（5）、（6）三個動作聯貫迅速完成，牙齒齒縫配合噴氣。三鏢掌射擊同一目標，此招稱為「白蛇吐信」。

圖 3-125   圖 3-126

25. 團身盤膝雙臂擋，撩手抓臂一拗掌

（1）接上動，左臂向上擺動，手臂伸直，掌心向右；右臂向下擺動，掌心向下，身體略起立。眼看右前方。見圖 3-127。

（2）上動不停，左臂向左向下攔擋，手臂微曲，掌心向下，掌尖向右；與此同時，右臂向右向上擺動，到頭頂成架掌，掌心向上，掌尖向左。眼看右前方。見圖 3-128。

（3）上動不停，兩臂同時動，右臂向下、向前、向後攔擋，當手臂不能向後運動時即停止，停止時，右掌變爪，爪心向上；左臂向左、向後、向上，擺到頭頂成架掌，掌心向上，掌尖向右，手臂略曲；與此同時，左腿半蹲支撐身體，右腿屈膝玄襠撩起，腳心向上，兩大腿緊貼。眼看右側。見圖 3-129。（1）、（2）、（3）三個動作一氣呵成，稱為「玄襠盤膝」。

圖 3-127

圖 3-128

圖 3-129

（4）接上動，身體不動，兩臂同時啟動，右臂外旋，右爪變掌，從下向上向前撩抓，掌心向後，手臂彎曲；左掌從頭頂收回肋部，掌心向上，掌外緣緊貼肋部。腿部動作不變。眼看右側。見圖3-130。

（5）接上動，右臂內旋，右掌向前撩抓，收到右肩前停止，右手臂疊緊，右掌變爪，爪心向右，肘與肩平；左掌在右掌撩抓時擊掌，力達掌外緣，掌心斜向前方，左手臂伸直，手臂水平。與此同時，右腳震腳著地，成右弓箭步。發內音「嗯」催力。鼻尖、掌尖、腳尖在同一立面上。眼看左掌。見圖3-131。

圖 3-130　　　　　　　　　圖 3-131

26. 滾肩接連一順掌，比手挺身把敵察

（1）接上動，右腿不動，重心右移，左腳腳前掌向前鋤地，左膝頂靠右膝，身體半蹲，兩手臂同時向下向後擺動，左臂不能動即停止，兩掌掌尖相對，掌心斜向外。眼看右側。見圖3-132A、圖3-132B。

圖 3-132A　　　　　　　　圖 3-132B

（2）上動不停，兩臂同時從後向上擺到頭頂右側，左臂掌心向內，右臂掌心向外。眼看左側方向。見圖3-133。

（3）上動不停，左臂內旋，左掌向前撩抓，掌心向外，右臂外旋，向前向左弧形撩砍，掌心斜向內，兩掌在頭頂上方運行。眼看雙掌。見圖3-134。

（4）上動不停，雙手緊靠同時貼靠身體，右掌掌外緣緊貼肋部，掌心向上；左掌變爪，爪頂緊靠胸窩，左爪尖向前，雙臂緊貼身體；與此同時，左腿半蹲支撐身體，身體向左旋轉，右腿屈膝玄襠撩起，兩膝靠緊；眼看右側。見圖3-135。（1）、（2）、（3）、（4）四個動作聯貫迅速，稱之為「玄襠滾肩」。

（5）接上動，右掌向右側前方擊打，力達掌外緣，掌心斜向前，掌尖向上，手臂伸直水平；左掌變爪，後扯停於左肩前，爪心向左，手臂疊緊，肘與肩平；同時，右腳跥腳著地成騎虎步，發內音「嗯」催力。眼看右掌。鼻尖、掌尖、腳尖，在同一立面上。見圖3-136。

圖 3-133

圖 3-134

圖 3-135

圖 3-136

（6）接上動，雙臂同時上擺，右手向上，左爪變掌擺到左前側，同時左腿微曲支撐身體，右腿屈膝提起，腳背繃直。眼看右側方向。見圖3-137。

（7）上動不停，右腳著地，同時兩臂從上向下向左擺到左側。掌心均向下。眼看左側方向。見圖3-138。

（8）上動不停，兩手臂繼續向下向右經體前擺動，雙掌掌心向上；同時，右腳微曲支撐身體，左腳屈膝提起，眼看右側。見圖3-139。

（9）上動不停，雙臂繼續向上向左擺動，到左臂與左肩水平時，即抖腕停住，左手臂微曲；右掌依附於左手肘關節內側，掌心貼靠左肘關節，左右掌尖均向上；同時左腳點地落腳，成左虛步。眼看雙掌前方。見圖3-140、圖3-141。（6）、（7）、（8）、（9）四個動作聯貫，協調配合，具有韻味。

圖 3-137

圖 3-138

圖 3-139

圖 3-140

圖 3-141

27. 調整呼吸一按掌，抱拳敬禮再退場

（1）接上動，身體略右轉，兩腿伸直站立，兩腳尖朝前；雙臂自然擺到腹前，兩手臂微曲，兩掌相互疊靠，掌心均向上，右掌在上，左掌在下。眼視前方。見圖 3-142。

圖 3-142

（2）上動不停，兩臂分別從下向兩側向上直臂勻速擺動。掌心相對。同時用鼻子深吸氣。眼視雙掌。見圖 3-143。

圖 3-143

（3）上動不停，雙掌從上向下向腹前緩緩按壓，兩臂微曲，掌心向下，掌尖相對，齒縫出氣。眼看前方。見圖 3-144。

圖 3-144

（4）接上動，左腳向右腳靠攏，同時雙掌收於兩大腿外側，掌心貼靠大腿，兩臂微微彎曲；挺胸塌腰。眼看正前方。以上幾個動作講究韻味，要展現出精氣神。見圖 3-145。

圖 3-145

（5）接上動，雙手抱拳，向前行禮。武德是習練唐手拳者必須具備的基本品質，正所謂「抱拳敬禮再退場」。見圖 3-146。

圖 3-146

第四章

實戰用法（套路拆解）

1. 拉臂就是一塌掌

（1）甲、乙雙方格鬥勢（白袖口為甲方，黑袖口為乙方），保持準備實戰格鬥距離；格鬥式必須要渾身放鬆，前手大小臂夾角略大於 90°，後手貼近面頰；兩腳之間的距離合適，便於移動，後腳跟離地。眼睛緊盯對方。見圖 4-1。

（2）乙方右拳向甲方面部打來，甲方用右手向下抓壓乙方右手臂，同時左手掌用掌心從上向下拍壓乙方右臂肘關節部位。見圖 4-2。

（3）上動不停，甲方身體下沉，向右擰轉腰部，右手後拉，左右手同時配合發力，將乙方按倒擒拿。見圖 4-3。

圖 4-1

圖 4-1

圖 4-2

拉臂塌掌另外一個方向演示：

（1）甲乙雙方格鬥勢，保持準備格鬥距離站立。見圖 4-4。

（2）乙方右拳向甲方打來，甲方用右手臂格擋，左手在胸前防守。見圖 4-5。

（3）上動不停，甲方右手翻腕下抓乙方手臂並後拉，左手變掌向下拍壓乙方肘關節，身體右轉，身體下沉將乙方擒拿住。見圖 4-6。

圖 4-4

圖 4-5

圖 4-6

2. 金雞獨立上托掌

（1）甲、乙雙方格鬥勢站立，保持準備格鬥的距離。見圖 4-7。

（2）乙方右拳向甲方打來。甲方右手向下抓拉乙方手臂，左手立即從下向上托擊乙方右手臂肘關節部位，同時頂膝。見圖 4-8。

（3）上動不停，甲方還可以用左腳蹬擊乙方腹部。見圖 4-9。（1）、（2）、（3）三個動作要聯貫迅速。

圖 4-7

圖 4-8

圖 4-9

3. 盤膝撩手兜腮掌

（1）甲、乙雙方格鬥勢站立，保持準備格鬥距離，緊盯對手。見圖 4-10。

（2）乙方用低邊腿向甲方進攻，甲方使用撩手盤膝破解。甲方左手不能硬擋乙方小腿，要掛擋，從乙方膝蓋處往腳脖子附近滑拍。左腳伺機玄踢乙方。見圖 4-11。

（3）接上動，乙方接著用右拳攻擊甲方，甲方用左手外撩抓住乙方手臂，隨即用右兜掌從下向上，打擊乙方下腮部（或者打擊乙方肘關節部位）。動作快速有力。見圖 4-12。

圖 4-10

圖 4-11

圖 4-12

4. 鐵臂靠山雙合掌

（1）甲、乙雙方格鬥勢站立，保持準備格鬥距離。緊盯對手。見圖
4-13。

（2）乙方左直拳攻擊甲方，甲方下潛的同時上步，甲方用右腿鉤鎖
住乙方左腿，右手從下擺到乙方胸前用手臂擺打乙方面部或脖子。甲方左
手依附在右肘內側，防守乙方。見圖 4-14A。

（3）如果乙方用右直拳進攻甲方，甲方則如圖所示用同樣的招法對
付乙方。見圖 4-14B。

圖 4-13

圖 4-14A

圖 4-14B

（4）接上動，如果乙方逃跑或有對抗動作，甲方馬上用右腳踩住乙方腳背，雙手合掌向乙方胸前用力推擊。見圖 4-15。

圖 4-15

（5）接上動，甲方用盡全力，將乙方推倒。見圖 4-16。

圖 4-16

5. 團身盤膝雙臂擋

（1）甲、乙雙方格鬥勢站立，保持準備格鬥距離。緊盯對手。見圖 4-17。

（2）當乙方用左直拳向甲方進攻時，甲方用右手從上向下攔擋，左手成掌舉在胸前，防守乙方再進攻。見圖 4-18。

（3）接上動，乙方右手連續進攻，右拳向甲方打來，甲方用左手向下迷擋。右手舉到頭頂，掌心向上，準備防守乙方再進攻。見圖 4-19。

圖 4-17

圖 4-18

圖 4-19

（4）接上動，如果乙方用右拳攻擊，甲方也可以用右臂下格擋，甲方左臂舉到頭頂防守。這就是盤膝之前「雙臂擋」手法的用法。見圖4-20。

圖 4-20

（5）玄襠盤膝最顯著的實用作用，就是當乙方向甲方直拳進攻時，甲方用手臂攔擋乙方手臂，同時用小腿踢擊乙方腿部。見圖4-21。

圖 4-21

6. 撩手抓臂一拗掌

（1）甲、乙雙方格鬥勢站立，保持準備格鬥距離。緊盯對方。見圖 4-22。

（2）乙方對準甲方臉部一拳，甲方撤左腳，用右手臂挑格擋，右拳變掌，甲方左臂護在胸前，防守乙方再進攻。見圖 4-23。

（3）上動不停，甲方右手臂內旋，向下抓拉乙方左臂，與此同時，甲方左掌向乙方頸部推擊，力達掌外緣。（2）、（3）兩個動作一氣呵成，快速聯貫。見圖 4-24。

圖 4-22

圖 4-23

圖 4-24

（4）乙方用右直拳向甲方打來，甲方撤步用右臂格擋，左手作防守狀，依附在右臂肘關節內側。見圖4-25。

（5）上動不停，甲方右手臂內旋，右掌抓拉乙方右臂，同時左掌向乙方頭部頸部擊掌，力達掌外緣。見圖4-26。

（6）乙方用右手臂擊打甲方時，甲方還可以拉臂擊掌，擊打乙方肩胛下方，造成乙方脫臼。見圖4-27。

圖 4-25

圖 4-26　　　　　　　　　　　　圖 4-27

7. 滾肩接連一順掌

（1）甲、乙雙方格鬥勢站立，保持準備格鬥距離。緊盯對方。見圖 4-28。

（2）乙方左拳向甲方頭部打來，甲方左手搶抓乙方左手臂，右手隨即橫砍乙方左臂肘部。見圖 4-29。

（3）接上動，甲方左手搶抓乙方左臂，右掌橫砍乙方左臂的同時，甲方右腿還可以旋踢乙方腿部薄弱部位，這就是「玄襠盤膝」的實用法。見圖 4-30。甲方右腳著地，左手不放，緊接著用右掌打擊甲方頸部、肋部或腋窩。（此為順掌，圖略）。

圖 4-28

圖 4-29

圖 4-30

（4）乙方右拳打擊甲方面部，甲方用左手搶抓乙方右臂，同時用右掌砍擊乙方手臂或脖子。見圖 4-31。

（5）上動不停，乙方右直拳進攻甲方，甲方左手搶抓乙方右臂，右掌砍擊乙方脖子的同時，甲方右腿旋踢擊乙方膝部。見圖 4-32。

（6）接上動，甲方左手抓住乙方不放，右腳落地別住乙方右腿，同時右掌推擊乙方頸部、腋下或胸部。見圖 4-33。

圖 4-31

圖 4-32

圖 4-33

8. 抓臂迎面砸鼻樑

（1）甲、乙雙方格鬥勢站立，保持準備格鬥距離。緊盯對方。見圖 4-34。

（2）乙方用左拳攻擊甲方，甲方左拳變掌，左手向下壓乙方左臂；甲方同時右腳上步，右拳從自己左臂內側向上向前拋砸乙方面部，力達拳峰。見圖 4-35、圖 4-36。

（3）乙方用右直拳攻擊甲方，甲方用左掌向下壓乙方右臂，甲方上右步的同時，右拳從下向上向前拋砸乙方鼻樑，力達拳峰。見圖 4-37。

圖 4-34　　　　　　　　　　　　圖 4-35

圖 4-36　　　　　　　　　　　　圖 4-37

9. 拉臂斷肘上托掌

（1）乙方左直拳進攻甲方，甲方左掌向下抓壓乙方左臂，甲方右掌從下向上端擊乙方肘部，同時甲方右腳向前一步。見圖4-38。

圖 4-38

（2）乙方右拳打擊甲方胸部，甲方左掌搶抓乙方右臂，甲方右腳上步的同時，用右掌從下向上托擊乙方右肘部位。見圖4-39。

圖 4-39

10. 袖裡藏刀帶鏟踢

甲、乙雙方格鬥勢對立，當乙方用左直拳打擊甲方頭部、胸部時，甲方右掌搶抓乙方左手臂，甲方左鏢掌射擊乙方左腋窩同時，起左腳踢擊乙方小腿脛部或膝蓋。見圖 4-40。如果乙方用右直拳打擊，甲方還是可以使用此招。

圖 4-40

11. 盤膝搪擋擺肘擊

（1）甲、乙雙方格鬥勢對立，乙方左直拳擊打甲方頭部，甲方用左手撩抓乙方左臂，右肘隨即擊打乙方肘關節。見圖 4-41。

（2）甲、乙雙方格鬥勢對立，乙方右直拳擊打甲方頭部，甲方用左手撩抓乙方右臂，右肘隨即擊打乙方頸部。見圖 4-42。

圖 4-41

圖 4-42

（3）甲、乙雙方格鬥勢對立，乙方右直拳擊打甲方，甲方用左手撩抓乙方右臂，右肘隨即擊打乙方胸窩。見圖4-43。

圖 4-43

12. 拉臂拖引拽著走

甲、乙雙方格鬥勢對立，乙方右拳擊打甲方頭部，甲方用右拳撩抓乙方右臂手腕處向後拖拉，左臂防守，同時身體向右後躍步後拖。見圖4-44。

圖 4-44

13.下拉揮臂斷敵肘

（1）接圖 4-44 動作，甲方右手後拖乙方，左前臂揮臂打擊乙方右肘關節部位。見圖 4-45。

圖 4-45

（2）甲方右手繼續後拖乙方，向右擰轉腰身、下潛壓肘，將乙方摔倒擒拿。見圖 4-46。

圖 4-46

14. 搪擋抓臂吊掌擊

（1）甲、乙雙方格鬥勢對立，乙方右直拳擊打甲方上盤，甲方左手掌心向下拍按並抓住乙方右臂，右手準備防守反擊。見圖4-47。

（2）上動不停，甲方左手壓開乙方右臂，右手隨即從上向下用右掌四指背扇擊乙方面部要害部位，右手掌心向上。見圖4-48。

（3）甲、乙雙方格鬥勢對立，乙方用左拳擊打甲方上盤，甲方用左手向下抓壓乙方左手腕部，隨即用右掌反背扇擊乙方面部要害部位，動作快速，迅雷不及掩耳之勢。見圖4-49。

圖 4-47

圖 4-48

圖 4-49

15. 裹手抓臂腳下擋

（1）甲、乙雙方格鬥勢對立，乙方用右直拳擊打甲方上盤，甲方左手在下，右手從左向右，雙手撩抓乙方右臂。見圖 4-50。

（2）上動不停，甲方雙手從上向下向左摔轉乙方手臂，雙手向左下拉扯乙方右臂。見圖 4-51。

（3）上動不停，甲方雙手繼續向上擺拉，同時，甲方左腿微曲支撐身體，右腿彎曲，從身後向體前攔踢乙方襠部，也可防止乙方動腿。見圖 4-52。

圖 4-50

圖 4-51

圖 4-52

16. 窄路過江驢口掌

（1）接圖 4-52 動作，甲方右腿插到乙方右腿後面，如同相逢在窄窄的獨木橋上過河，緊貼乙方；右手搶抓乙方大腿根部腹股溝。見圖 4-53。

（2）上動不停，甲方身體前探，重心下沉，左手向左後拉扯，右手用力向前推，將乙方擒拿住。見圖 4-54。

（3）當乙方用另外一手攻擊時，甲方用裹手抓臂腳下擋，窄路過江驢口掌的用法制服對手。乙方右拳進攻，甲方用雙手搶抓乙方手臂。見圖 4-55。

圖 4-53

圖 4-54

圖 4-55

（4）甲方雙手搶抓手臂，右腿攔踢攔防乙方出腿，準備別腿。見圖4-56。

（5）接上動，甲方右腿插到乙方右腿後面別住乙方，左手後拉，右手搶抓乙方大腿根部腹股溝處。見圖4-57。

（6）上動不停，甲方左手後拖乙方右臂，身體前探下沉，右手用力前推，將乙方摔倒擒拿。見圖4-58。

圖 4-56

圖 4-57

圖 4-58

17. 跨閃分臂馬口掌

（1）甲、乙雙方格鬥勢對立，乙方左腿踢擊甲方中下盤，甲方向右跨閃，雙手成掌防守。見圖 4-59。

（2）乙方腿還沒伸直之前，甲方即用右前臂向外滑拍格擋，左手成掌防守。見圖 4-60。

（3）上動不停，甲方緊接著右腳上步，靠近乙方身體，右臂防守，左臂成掌，用掌根向乙方腹部擊打，將乙方打倒。稱「馬口掌」。見圖 4-61、圖 4-62。

圖 4-59

圖 4-60

圖 4-61

圖 4-62

18.制敵斷喉一削掌

（1）甲、乙雙方格鬥勢對立，乙方左直拳進攻甲方，甲方右手臂下擋，跨閃右腳的同時，甲方左馬口掌準備擊打乙方。見圖 4-63。

（2）上動不停，甲方左掌向下向前打擊乙方腹部。見圖 4-64。

（3）接上動，甲方左虎爪立即變掌，向外向上削擊乙方頸部。見圖 4-65。（1）、（2）、（3）三個動作聯貫迅速有力。

圖 4-63

圖 4-64

圖 4-65

19. 五虎攔路潭魚掌

（1）甲、乙雙方格鬥勢對立，乙方左直拳擊打甲方上盤，甲方左手搶抓乙方手臂，右手變虎爪準備打擊，同時上右步。見圖4-66。

（2）上動不停，甲方右腳別住乙方左腳，同時左手臂後拉，右手臂向乙方胸前正中用虎爪擊打，力達爪心。見圖4-67。

（3）上動不停，甲方擰腰繼續使勁將乙方打倒擒拿。見圖4-68。

圖 4-66

圖 4-67

圖 4-68

20. 金鵬撲水齊心掌

（1）甲、乙雙方格鬥勢對立，乙方左直拳擊打甲方頭部，甲方右手向外格擋，左手防守乙方再進攻。見圖 4-69。

（2）上動不停，甲方迅速伸直雙臂，向外向上伸展，同時，兩腳腳前掌著地，準備上右腳。見圖 4-70。

（3）上動不停，甲方右腳快速上步，雙臂外擺到乙方身後，左腳準備掃踢乙方左腿。見圖 4-71。

圖 4-69

圖 4-70

圖 4-71

（4）上動不停，甲方重心前移，左腳掃踢乙方腿部，雙掌向乙方背心猛擊。見圖 4-72。（1）、（2）、（3）、（4）四個動作快速有力。

（5）乙方左直拳擊打甲方，甲方右手向下按壓外撥乙方左臂，同時左虎爪擊打乙方胸口。還有一種情況就是當（1）、（2）、（3）、（4）動作完成時，乙方沒被打倒，隨即左腿後擺，左掌打擊乙方胸口。見圖 4-73、圖 4-74。

圖 4-72

圖 4-73

圖 4-74

21. 野馬撩蹄拆祠堂

甲、乙雙方格鬥勢對立，乙方左直拳擊打甲方，甲方雙腳換跳步，右腳著地，左腳向乙方小腿迎面骨踢擊，同時甲方右手掏擊乙方襠部（也可右手撩抓乙方左臂）。見圖 4-75。

圖 4-75

22. 拉臂抄拳倒當場

（1）甲、乙雙方格鬥勢對立，乙方右直拳進攻，甲方左手臂搶抓乙方右臂，右拳從下向上抄擊乙方下頜。還一種情況就是接圖 4-75 動作，向上抄擊乙方下巴。見圖 4-76。

（2）上動不停，甲方用力向上向前施力，將乙方打倒。整個抄拳動作快速迅猛，準確有力，手抄腿頂。見圖 4-77。

圖 4-76

圖 4-77

23. 二龍戲珠鎖銬掌

（1）甲、乙雙方格鬥勢對立，乙方左直拳擊打甲方上盤，甲方左手向下攔擋拍壓，右戳指隨即插擊乙方雙眼，稱「二龍戲珠」。見圖 4-78。

（2）甲、乙雙方格鬥勢對立，乙方右直拳擊打甲方上盤，甲方左手向下攔擋拍壓，右戳指隨即插擊乙方雙眼。見圖 4-79。

（3）甲、乙雙方格鬥勢對立，乙方左直拳擊打甲方上盤，甲方雙掌滾撩乙方手臂，俗稱「小裏手」。

（4）上動不停，甲方雙臂向下拉壓乙方左臂。見圖 4-81。

圖 4-78　　　　　　　　　　圖 4-79

圖 4-80　　　　　　　　　　圖 4-81

（5）上動不停，甲方繼續向左向上擺拉乙方手臂，同時右腳準備上步。見圖 4-82。當乙方用右直拳進攻時，甲方採用同樣的小裹手搶抓乙方手臂。見圖 4-83、圖 4-84。

（6）上動不停，甲方擺開乙方手臂後緊接著給予乙方雙爪擊打，雙手成虎爪，力達爪心，兩爪根相靠，左手在上右手在下。見圖 4-85。

圖 4-82

圖 4-83

圖 4-84

圖 4-85

（7）上動不停，甲方繼續施力，向前用力推擊，將乙方推倒。見圖4-86。

圖 4-86

24.張飛捆豬當胸掌（張飛捆豬拿肉上案）

（1）甲、乙雙方格鬥勢對立，乙方左直拳擊打甲方頭部，甲方撤步，並用右臂挑擋，左手防守。見圖4-87。

（2）上動不停，甲方右臂向外向下壓擠乙方左臂，甲方左臂向外張開。甲方右腳前移插到乙方左腿後。見圖4-88。

圖 4-87

圖 4-88

（3）上動不停，甲方右臂繼續下壓乙方左臂。見圖4-89。

（4）上動不停，甲方左手變虎爪，向乙方面部或胸前擊打，甲方右手同時也變虎爪，向乙方後腰部擊打，兩手臂成相反的作用力。見圖4-90。

（5）上動不停，甲方雙臂繼續施力，將乙方打倒擒拿。（1）、（2）、（3）、（4）、（5）五個動作迅雷不及掩耳之勢，剛猛快速。民間稱「張飛捆豬拿肉上案」。見圖4-91。

圖 4-89

圖 4-90

圖 4-91

25. 擺步迎面一劈砸

　　甲、乙雙方格鬥勢對立，乙方右直拳擊打甲方，甲方左手向下抓壓乙方右臂，同時甲方上右腳，用右拳從下向內向上向外拋擺，劈砸乙方眼鼻三角區。見圖 4-92。

圖 4-92

26. 三搖三擊跑馬掌

　　（1）甲、乙雙方格鬥勢對立，甲方右腳快速上一步，別住乙方左腿，同時右手變掌，手臂外旋，向乙方腹部擊打。見圖 4-93。

　　（2）上動不停，乙方後退，甲方右腳進步，攔在乙方左腳前方，甲方右手手臂外旋，向乙方腰背部用掌心擊打，左手防守。見圖 4-94。

圖 4-93

圖 4-94

（3）上動不停，乙方又向右後退步，甲方繼續進右腳，別住乙方左腿，同時右臂用虎爪打擊乙方腹部，左手防守。見圖4-95。

（4）上動不停，甲方追到乙方之後，用力將乙方打倒在地。（1）、（2）、（3）、（4）四個動作聯貫，甲方右腳踏步追擊如跑馬，連續三次擊打稱為「三搖三擊跑馬掌」。見圖4-96。

圖 4-95　　　　　　　　　　　　圖 4-96

27. 黃古篩窩腰橫掌

（1）甲、乙雙方格鬥勢對立，乙方左直拳或劈拳擊打甲方頭部，甲方用右臂向上架擋，同時左腳撤步。左手防守。見圖4-97。

（2）上動不停，乙方緊接著右拳打來，甲方左臂上架，右臂防守。右手掌準備砍擊乙方。見圖4-98。

圖 4-97　　　　　　　　　　　　圖 4-98

（3）上動不停，甲方右掌砍擊乙方腰部。（1）、（2）、（3）三個動作快速聯貫。連續護頭抄架稱為「黃古篩窩」。見圖4-99。

圖 4-99

28. 袖裡抽刀把敵拿

（1）甲、乙雙方格鬥勢對立，乙方左直拳擊打甲方，甲方右手撩抓乙方左臂，左手成掌防守。見圖4-100。

（2）上動不停，甲方右手後拉乙方左臂，左手下擺準備穿乙方左腋下。兩腳準備前移。見圖4-101。

圖 4-100   圖 4-101

（3）上動不停，甲方右腳向前側方踏一步，同時左臂穿過乙方左腋下。甲方右腳準備勾踢乙方左腿。見圖 4-102。

（4）上動不停，甲方左腿掃擊乙方左腿，甲方左擰腰，左臂向下壓乙方肩背部。甲方右臂向外向上別壓乙方左臂。見圖 4-103。

（5）上動不停，甲方繼續使勁，將乙方摔倒擒拿。見圖 4-104。

（1）、（2）、（3）、（4）、（5）五個動作瞬間完成，速度飛快，一氣呵成。

圖 4-102

圖 4-103

圖 4-104

29. 上步威肘撤步擋

（1）甲、乙雙方格鬥勢對立，乙方右直拳擊打甲方上盤，甲方右手搶抓乙方右臂。左臂防守。見圖 4-105。

（2）上動不停，甲方右手後拖乙方右臂，身體下沉，甲方用左肘頂擊乙方右臂肘關節。見圖 4-106。

（3）如果乙方是用左直拳擊打，甲方仍可採用同樣方法擊打乙方胳膊。見圖 4-107。動作要快速聯貫。

圖 4-105

圖 4-106

圖 4-107

（4）當甲方用肘頂擊乙方時，乙方曲臂破解，同時乙方用另一直拳擊打甲方，甲方左腳撤步，右臂下劈擋，左手變掌防守。見圖4-108。

（5）當甲方用肘頂擊乙方時，乙方曲臂破解，同時乙方用腿踢擊甲方，甲方左腳撤步，同時用右臂劈擊乙方腿部，左掌防守。見圖4-109。

圖4-108　　　　　　　　　　　　圖4-109

30. 金貓逼鼠拿胯掌

（1）接圖4-108或圖4-109的動作，甲方右腳別住乙方左腿，雙掌向乙方大腿根部腹股溝用力推捛。見圖4-110。

（2）上動不停，甲方後腿蹬直，雙掌用力推擊，將乙方摔倒。見圖4-111。上步威肘撤步擋，就是金貓戲鼠的動作；拿胯掌，就是擒拿大腿根部。

圖4-110　　　　　　　　　　　　圖4-111

31. 移步發威虎擺頭

（1）甲、乙雙方格鬥勢對立，乙方右直拳擊打甲方上盤，甲方左手搶抓乙方右臂，右手準備抄擊乙方。見圖4-112。

（2）上動不停，甲方左手下拉乙方右臂，右拳從下向上抄擊乙方下頜。見圖4-113。

（3）上動不停，乙方左拳繼續擊打甲方，甲方右手撩抓乙方左臂，左手變虎爪，準備擊打乙方前胸。見圖4-114。

圖4-112

圖4-113

圖4-114

（4）上動不停，甲方右手後拉乙方左臂，左虎爪擊打乙方前胸，拖拉擊打。見圖 4-115。

（5）上動不停，乙方用右拳再擊打甲方，甲方左手撩抓，並準備用右手擊打乙方。見圖 4-116。

（6）上動不停，甲方左手抓開乙方右臂，右拳向前擺撞擊乙方小腹部。見圖 4-117。（1）、（2）、（3）、（4）、（5）、（6）六個動作聯貫，總稱「虎擺頭」。

圖 4-115

圖 4-116

圖 4-117

32. 沉身揮臂下劈擋

甲、乙雙方格鬥勢對立，乙方用腿踢擊甲方，甲方身體突然下沉，左臂從上向下劈擊乙方腿部，右手防守。見圖 4-118。

圖 4-118

33. 窩心腳接雞心拳

（1）接圖 4-118 的動作，甲方突然起身，用左正蹬腿蹬擊乙方心窩，力達腳後跟，甲方左掌掩護，右拳準備打擊。見圖 4-119。

（2）上動不停，甲方左腳著地，右拳成雞心拳擊打乙方心窩，左手防守。見圖 4-120。

圖 4-119

圖 4-120

34. 拉臂截踢無影腳

（1）甲、乙雙方格鬥勢對立，乙方左直拳擊打甲方頭部，甲方右手變掌右臂向外格擋乙方左臂，左掌防守。見圖 4-121。

（2）上動不停，甲方雙手搶抓乙方左臂，左腳支撐身體，右腳準備起腳踢擊乙方腿部。見圖 4-122。

（3）上動不停，甲方雙手後拖乙方左臂，同時右腳用腳底踢擊乙方小腿迎面骨。（1）、（2）、（3）三個動作聯貫迅速。截踢腿隱蔽性較強，是真正的無影腳。見圖 4-123。

圖 4-121

圖 4-122

圖 4-123

（4）甲、乙雙方格鬥勢對立，乙方右直拳擊打甲方頭部，甲方用右臂格擋，雙手變掌，左掌防守。見圖4-124。

（5）上動不停，甲方雙手搶抓乙方右臂，右腳準備踢擊乙方小腿迎面骨。見圖4-125。

（6）上動不停，甲方雙手後拖乙方右臂，同時用右腳踢擊乙方小腿迎面骨，力達腳底。見圖4-126。

（7）上動不停，甲方擰腰順手後拉，將乙方摔倒。見圖4-127。
（4）、（5）、（6）、（7）四個動作一氣呵成，快速勇猛。

圖 4-124

圖 4-125

圖 4-126

圖 4-127

35. 插花射拳上下打

（1）甲、乙雙方格鬥勢對立，甲方右腳上步，同時右拳從自己耳際向下插擊乙方腹部，左手防守。見圖 4-128。

（2）上動不停，甲方左手格擋乙方防守動作，右拳收回腰間。見圖 4-129。

（3）上動不停，甲方右拳從下向上射擊乙方下頜，力達拳峰，左手防守。見圖 4-130。（1）、（2）、（3）三個動作快如閃電。插花射拳是比較實用的招式，既可以用於主動進攻，又可以用於防守反擊。非常實用，殺傷力大，對手不易防守。並不是指上打下，而是打上打下，中間也可變成一拳或是一掌進攻，在快速移動中出拳，動作變化多端，足見中華武術之博大精深。

圖 4-128

圖 4-129

圖 4-130

說明：本章「猛禽唐手」套路的拆解示範，只是起到一個拋磚引玉的作用，在瞬息變化、拳來腳往的真實格鬥中，不能死搬硬套，需要廣大的武術愛好者活學活用，遵循循序漸進的原則，首先按照我們的示範動作和方法進行練習，等到熟練以後，再變化體位和進攻方式。

　　訓練的目的就是「把簡單的動作變得不簡單，使平凡的動作產生不平凡的效果」。古話說：「操成的功夫，習成的武藝。」「要練武，不怕苦；要得會，天天累；要得精，用命拼。」要想練出一身武藝，是要用時間和汗水去換來的，「天下功夫出苦恆，絕無妙訣自成雄」。祝願所有武友們的武功進步！

第五章

唐手傳人
彭碧波的故事

蘇州《姑蘇晚報》記者　臧凌雲

　　見到武術教練彭碧波，「精悍」一詞立刻會牢牢占據你的腦海：身材並不高大卻很挺拔，一雙眼睛炯炯有神，走起路來虎虎生風。「唐手拳」第十五代傳人彭碧波出生於湖北天門的一個武術世家。十八歲時，在湖北漢陽韓集鄉開辦自己的第一家武術館。來到蘇州後，於一九九八年在蘇州市水香街上開辦了康派武術健身俱樂部，十幾年來，門下弟子超過三千人。

　　總結自己的絕學秘技，彭碧波稱自己施展拳腳時最大的特點就是快，偏向實戰的拳就是要快，眼明手快才能有勝無敗；其次是硬氣功，彭碧波曾專門拜師學習硬氣功「金剛大聖功」和唐手拳獨門內功「十三太保功」，練就了一副錚錚鐵骨，一般人根本奈何不了他；最後是招式怪，彭碧波的一套唐手拳手腳並用，施展開來讓人難以找到落腳的地方。彭碧波說，中華武術博大精深，集文化、歷史、哲學、物理學、醫學、美學於一身。真正實用的武術就是要對付比自己更強大的敵人，達到以小勝大、以弱勝強的效果。他強調，練武的真正目的不是為了去打人，而是強身健體，推廣傳統中華武術，倡導人們熱愛生命，珍愛健康。

學藝篇

在老家，想有出息只有兩條路

　　彭碧波的家裡是開武館的，其父親弟兄五個，個個擅長拳腳功夫。在這樣的環境下，彭碧波打小就和武術結下了不解之緣。幼兒時代打基礎，直到六歲彭碧波才開始正規練武。彭碧波祖傳的唐手拳風格獨特，是傳統武術的一朵奇葩。彭碧波說，湖北天門老家真的很窮。至於窮到什麼地步，他舉了兩個例子：前些年，國內武術界挖掘整理傳統武術，提到天門都沒人願意去。人們以前都管那裡叫湖蠻草地，當年著名的洪湖赤衛隊就活動在天門的邊上。有趣的是，和彭碧波老家隔著一條漢江就是仙桃，體操界名氣響噹噹的李大雙和李小雙的家鄉就在那裡。據說，他們兄弟倆之所以在體操上能有那麼大的成就，和小時候學過武術打下的基礎有著密不可分的關係。

　　在天門，孩子今後想「跳龍門」，成為一個有出息的人，只有兩條路：一是考大學，二是學手藝（練武術）練出名堂。彭碧波告訴記者，在他小時候，天門幾乎家家戶戶都習武。誰如果能開武館、帶徒弟是一件非常風光的事情，逢年過節，什麼酒啊肉的，徒弟們都爭著往師父家裡送。不過現在情形已經大不一樣了，獨生子女多了，孩子都變得嬌慣了，吃不

起苦了，但即便這樣，在那裡自小學習武術的孩子數量，也遠遠超過蘇州。彭碧波很有感觸地說：「雖然練武的人不少，但真正練到像我這樣功夫的，基本上已經見不到了。現在的娛樂生活豐富多彩，像上網、看電視、看電影、玩手機等，占據人們太多時間。而我小時候基本上沒有任何娛樂活動，整個青少年時光都在練功夫，想練就真本領，不投入大量的時間和精力是不可能的。」

第二節 ·
點穴和暗器

原是夢一場

十八歲時，彭碧波單槍匹馬來到漢川韓集，開了他的第一個武館「大埠武館」。雖然自己當起了師父，但他的求學路從未停止過，彭碧波粗略地算了一下，自己辦武館後，前後又拜了不下十個師父。在學藝當中碰到不少事情有真有假，還引出了很多笑話。

讀小學時，彭碧波的父親在外做生意帶回一本《冰川天女傳》，這是彭碧波頭一回接觸武俠書，書中描寫的精彩武打場面，深深地迷住了他，特別是點穴和暗器兩大絕技，讓彭碧波無比嚮往。成為一名擁有一身絕技、鋤強扶弱的大俠，是彭碧波年少時最大的夢想。當他聽說有一位自稱是「江南八俠」之一的師傅會使三枚銀針齊發的絕活時，立即拎了兩瓶五加皮（在當時已經是極貴重的禮品）登門拜訪，對方也不客氣欣然將禮品收下，但在看過彭碧波打了一套拳之後，藉故手腕有傷匆匆送客；過了兩個星期，學藝心切的彭碧波又拎了兩瓶五加皮上門，對方仍然稱身體不舒服，無法演示絕活；直到第三次還是如此，彭碧波猛然清醒了，什麼三針齊發，原來都是騙人的。相同的遭遇，彭碧波在求學點穴功的時候也碰到過。彭碧波說：「其實根本就沒有什麼點穴，點中穴道人就不能動了這是不可能的，不過打穴還是有的，穴位是神經密集的地方，打中它可以更容易將對手制服。但是，人有高矮肥胖，穿上衣服你如何能準確點中別人的穴道，別人在移動中，何況穴位點打必須配合時辰。拳王們怕手腕受傷，上台前還要紮上護手繃帶……僅僅一根手指，如何敢用力戳人身軀（除非插眼）。」

第三節·
收徒篇

一招制勝，降服美國徒弟

在彭碧波的康派武術健身俱樂部裡，最小的學員只有五歲，而最大的年紀都已上了六旬。有趣的是，彭碧波還收了好幾位外國徒弟，其中他喜歡的是二〇〇四年拜入門下的美國弟子艾瑞克。在學習中國武術之前，艾瑞克在美國學了好幾年拳擊，感覺自己很能打的他在工作之餘還找了一份酒吧保安的兼職。在電視螢屏上見識了中國功夫後，艾瑞克為之驚嘆，毅然決定放棄美國的生活，到中國來拜師學藝。來到中國後，艾瑞克在蘇州科技大學擔任外教，他也走訪過一些武術教練，但是覺得他們的拳腳功夫毫無實戰效果，後經別人介紹，艾瑞克找到了彭碧波的俱樂部。艾瑞克當時對彭碧波說，自己很想學中國功夫，但是想要自己拜師，必須得拿出真本領證明給他看。彭碧波二話沒說答應了艾瑞克的請求，利用對方身高馬大、下盤空虛，上去就是一招「剪子腿」，艾瑞克還沒看清怎麼回事就被放倒了。老外輸得心服口服，按照中國學武的傳統禮節，下跪行禮、敬茶拜師。彭碧波說學武不是為了去打人，真正目的應該是強身健體，推廣傳統中華武術，倡導人們熱愛生命，珍愛健康。

第四節 ·
空手對
棍棒

招來老闆徒弟

　　彭碧波收徒的故事一籮筐。一次，一位住在水香街上的老闆，吃完飯後散步，不經意地來到了彭碧波的俱樂部，看著一大堆人正在跟著彭碧波練拳，不禁莞爾：「武術練它有什麼用，還不都是些花拳繡腿。」彭碧波聽罷停止了練習，抽出舉重器材上的一根鐵棍遞給那位老闆，自己則赤手空拳道：「要不我們試試，你拿棍子，隨便怎麼打都行。打中我算我倒楣，打不中你拜我為師。」老闆來了興致，似模似樣地擺好了架式，只是一眨眼的工夫，他還沒明白過來，就已經被放倒在地上了。老闆起來後心悅誠服，執意要跟著彭碧波學武功，就這樣彭碧波又多了一個弟子。幾個月後，這位老闆在蘇州工業園區的一塊大草坪上和幾個朋友一起聊著聊著想到了摔跤，老闆就打電話把師父彭碧波請來了。為了讓師父在眾多朋友面前露一手，這位老闆讓身材最為魁梧的一位朋友來和師父過招，雖然對方是園區某中學的體育老師，但畢竟沒習過武。彭碧波決定只用一隻手，眾人以為有一番好戲可看了，可「一、二、三」都沒數完，這位高大的朋友就趴在地上了。

在彭碧波的門下，像這樣的老闆弟子有好幾個，由於生意上的關係，他們不可能每天都來，但是每週總要抽出個一兩天過來學幾招，更有趣的是，他們不光自己學，還把子女帶來一起學。「學武有強身健體的作用，練過武術和沒練過武術的身體就是不一樣，人走出去精神，氣質也好。」彭碧波說，「現在的孩子衣來伸手，飯來張口，平時運動得少，導致腦部動作區域發展特別遲緩，很多孩子在做動作時不協調，同手同腳情況並不少見。」如今，康派武術健身俱樂部的少兒武術表演已經成為我市大型文體活動上一個常見的節目，反響非常不錯。

第五節 ·
不取分文

收下貧窮徒弟

彭碧波收徒並非嫌貧愛富，在他的眾多徒弟中也有幾個不收取分文學費的。「對於這樣的徒弟我的要求很高，家境貧寒沒有關係，但一定要是練武的好材料，而且人品一定要過關，這樣日後才能將唐手拳發揚光大，我做師父的顏面才有光。」

讓彭碧波印象最深的一名弟子叫韋順清，他從安徽來蘇州打工，拉了好幾年運貨的人力板車。韋順清的家境非常貧窮，為了供在老家的妹妹們讀書，他在蘇州打工的幾年時間，從沒住過像樣的房子。夏天就住在長橋上，到了冬天轉移到南環附近的菜場裡，洗澡就用公共水龍頭隨便沖沖便算完事。韋順清從小就喜歡學武，可是家裡太窮，根本不可能有拜師學藝的機會。不過在打工之餘，他會經常用木棒敲打四肢，久而久之手腿練得堅硬無比，彭碧波稱之為「排打功」。韋順清的經歷感動了彭碧波，答應將他收入門下，而勤奮好學的韋順清也深得彭碧波的喜愛，成為其得意門生。一年過後，韋順清應徵入伍，非凡的身手連部隊專門教擒拿的教練都不是對手，現在韋順清成為了連隊教功夫的新教頭，去年還榮立了三等功。

彭碧波的徒弟在外面都有著不錯的口碑，他的一位徒弟，週末和女友逛觀前街遇搶，結果和歹徒搏鬥，一個打六個毫無懼色，第二天那個徒弟單位裡的同事知道這件事後，都跑到康派武術健身俱樂部找彭碧波學武來了；另一個徒弟看見摩托車「背娘舅」宰客，路見不平，結果遭到多人圍攻，仗著一人之力硬是把對方給打跑了，路邊所見之人無不豎起大拇指誇讚，「好小夥見義勇為，打得比少林寺電影還精彩。」

彭碧波參加全國正規
武術比賽成績（47 金）

2010 年 3 月	第二屆海峽兩岸暨港澳地區傳統武術交流賽	2 金
2010 年 6 月	全國武術之鄉暨傳統拳傳承人演武大會	2 金
2010 年 6 月	首屆荊州關公刀會	1 金
2010 年 8 月	全國傳統武術比賽	1 金
2010 年 10 月	第八屆滄州國際武術節	2 金
2010 年 10 月	第四屆世界武術錦標賽	2 金
2011 年 5 月	新疆國際武術節	2 金
2011 年 5 月	第三屆海峽兩岸暨港澳地區傳統武術大賽	1 金
2011 年 6 月	全國傳統武術比賽	2 金
2011 年 6 月	全國農民武術比賽	2 金
2011 年 7 月	第八屆全國武術之鄉比賽	2 金
2011 年 8 月	第三屆國際峨眉武術節	1 金
2011 年 12 月	廣西東盟武術節	3 金
2012 年 6 月	全國傳統武術比賽	3 金
2012 年 6 月	全國農民武術比賽	2 金
2012 年 7 月	第九屆全國武術之鄉比賽	2 金
2012 年 10 月	第九屆鄭州國際少林武術節	3 金

2013 年 5 月	2013 年全國傳統武術比賽	2 金
2013 年 5 月	2013 年全國農民武術比賽（徐州）	3 金
2013 年 8 月	2013 年第四屆國際峨眉武術比賽	3 金
2014 年 5 月	全國傳統武術比賽、全國農民武術比賽	6 金

參考文獻

[1] 王崗 . 中國武術文化要義 . 太原：山西科學技術出版社，2009.9

[2] 邱丕相 . 中國武術文化概論 . 上海人民出版社，2007

[3] 彭祖望 . 太乙金剛手 . 北京體育大學出版社，1991

[4] 湖北體育史料 . 武術專輯，1986

[5] 中國武術史 . 人民體育出版社，1997

整套《猛禽唐手》套路圖

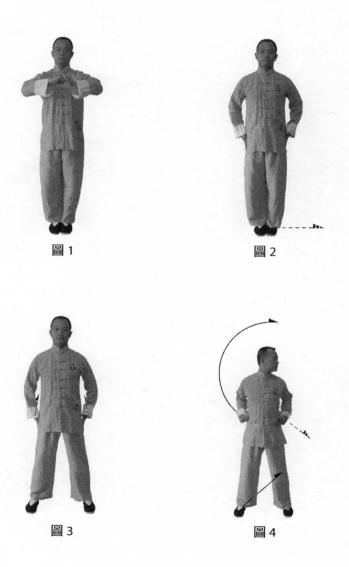

圖1　　　　　　　圖2

圖3　　　　　　　圖4

圖 5

圖 6

圖 7

圖 8

圖 9

圖 10

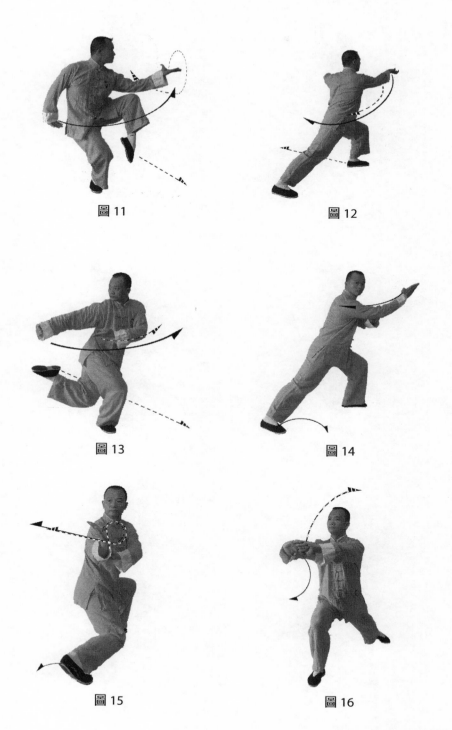

圖 11

圖 12

圖 13

圖 14

圖 15

圖 16

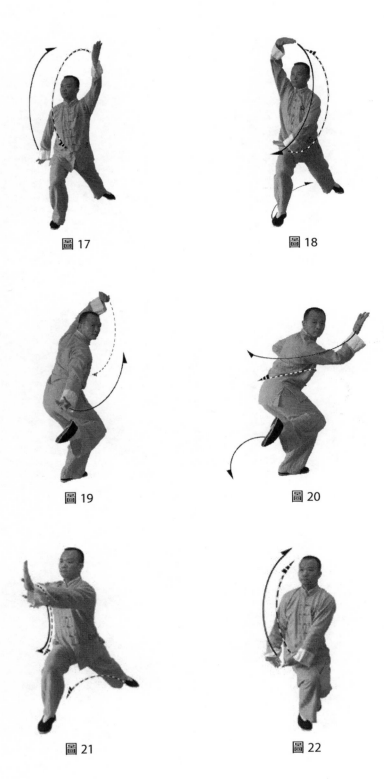

圖 17

圖 18

圖 19

圖 20

圖 21

圖 22

圖 23

圖 24

圖 25

圖 26

圖 27

圖 28

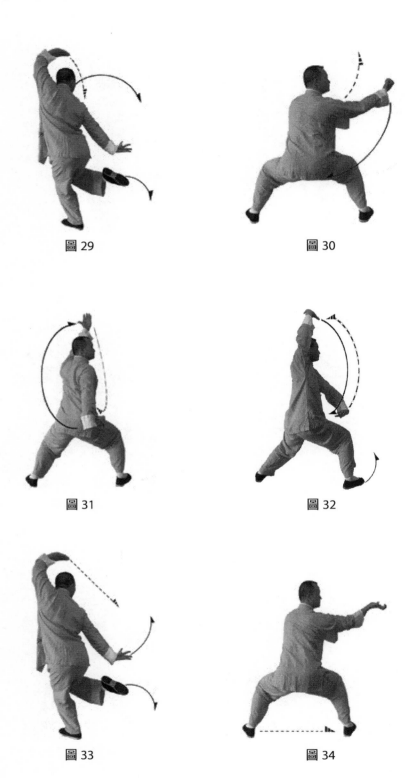

圖 29

圖 30

圖 31

圖 32

圖 33

圖 34

圖 35

圖 36

圖 37

圖 38

圖 39

圖 40

圖 41

圖 42

圖 43

圖 44

圖 45

圖 46

圖 47

圖 48

圖 49

圖 50

圖 51

圖 52

圖 53

圖 54

圖 55

圖 56

圖 57

圖 58

圖 59

圖 60

圖 61

圖 62

圖 63

圖 64

圖 65

圖 66

圖 67

圖 68

圖 69

圖 70

圖 71

圖 72

圖 73

圖 74

圖 75

圖 76

圖 77

圖 78

圖 79

圖 80

圖 81

圖 82

圖 83

圖 84

圖 85

圖 86

圖 87

圖 88

圖 89　　　　　　　　　　　圖 90

圖 91　　　　　　　　　　　圖 92

圖 93　　　　　　　　　　　圖 94

圖 95

圖 96

圖 97

圖 98

圖 99

圖 100

圖 101

圖 102

圖 103

圖 104

圖 105

圖 106

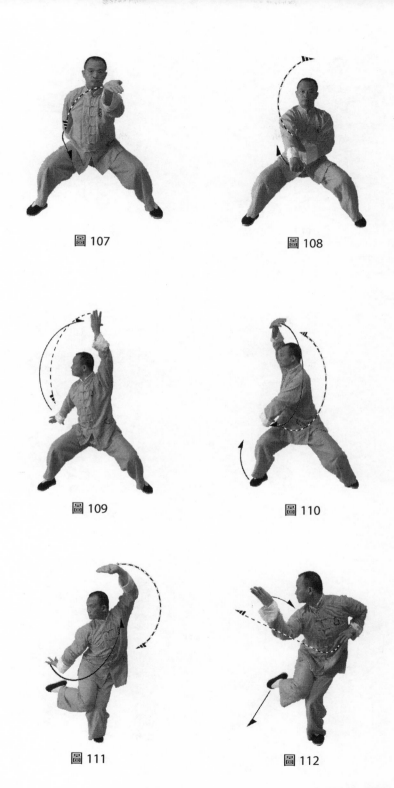

圖 107

圖 108

圖 109

圖 110

圖 111

圖 112

圖 113

圖 114

圖 115

圖 116

圖 117

圖 118

圖 119

圖 120

圖 121

圖 122

圖 123

圖 124

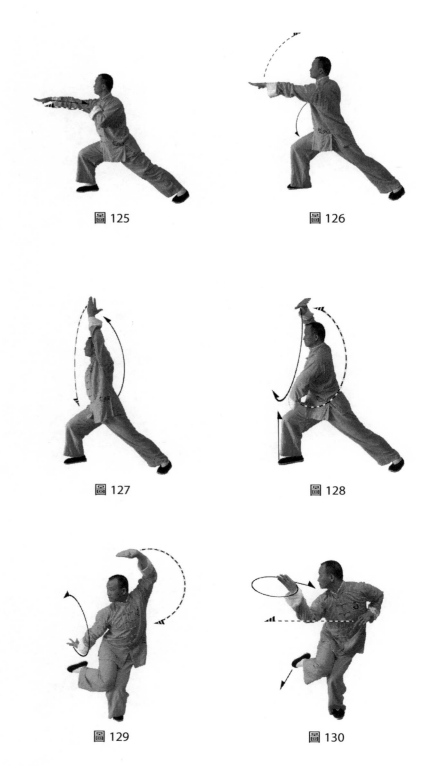

圖 125

圖 126

圖 127

圖 128

圖 129

圖 130

圖 131

圖 132

圖 133

圖 134

圖 135

圖 136

圖 137

圖 138

圖 139

圖 140

圖 141

圖 142

圖 143

圖 144

圖 145

圖 146

　　經過近十年的精心準備和努力，《猛禽唐手》一書終於借唐手拳列入湖北省非物質文化遺產之機，面對讀者了，我的心情無比激動，各種情緒湧上心頭，內心感到無比感慨！

　　我自小非常喜愛傳統武術，為了開拓自己的視野，我撿廢品賣、省伙食費訂購有關武術的雜誌，只要到新華書店，我都會買上幾本武術書籍回家看。在我年少時，沒有網絡可以上網，沒有電視可以看，沒有電腦可以玩。中華武術的各門各派風格特點，除了聽師父們講講外，我只能通過看書了解，從書中我看到了我的師父們沒有教過我的「招式」，學到了師父們沒有告訴過我的「話」。名人名家明星們的故事，在我練功感到疲勞和枯燥乏味的時候，鼓勵我激勵我堅持練功。武術書籍對我的幫助是不可磨滅的。

　　能寫一本書，幫助那些像我一樣痴迷、熱愛武術的人們，一直是我的夢想。能為武術愛好者盡點力讓他們少走彎路，有助他們實現自己的夢想，我感到無比的欣慰和自豪。

　　二〇一三年年底，唐手拳被列入第四批湖北省非物質文化遺產保護名錄，這是湖北人民的驕傲。在各級領導的支持下，《猛禽唐手》一書最終入選湖北省非物質文化遺產叢書。

在拙作即將付梓印刷之際，衷心感謝國家武術運動管理中心、中國武術協會、湖北省文化廳、湖北省體育局、湖北省武術運動管理中心、湖北省武術協會、江蘇省武術運動管理中心、湖北省群藝館、蘇州市文化廣電新聞出版局、致公黨蘇州市委員會、蘇州市民政局、天門市文廣局、天門市體育局、天門市群藝館、天門市武術協會、蘇州市武術協會、太倉市武術協會、蘇州市吳中區武術協會、蘇州唐手武術文化研究會、太倉唐手武術文化研究會、天門市麻洋鎮政府、天門唐手拳推廣中心、蘇州市吳中區蘇苑實驗小學、蘇州市吳中區車坊小學、蘇州市康派武術健身俱樂部對唐手拳發展的大力支持。

如今，我的夢想成真了，我要借此機會，真誠地感謝教過我本領的恩師們：爺爺彭會川、爺爺彭雲輝、父親彭梅新、叔叔彭江新、叔叔彭又新、叔叔彭水新、叔叔彭炎新、叔叔彭章漢、張聖樹師父、羅冬炳師父、彭松林師父、徐水發師父……還有幾位恩師不願我說出他們的姓名。他們是真正的民間高手，武德高尚武功精深卻為人低調，從不顯山露水。我今天所有的一切都是拜恩師們所賜，沒有您們的教誨就沒有我的今天。師父們，謝謝您們！

光會一點拳腳功夫是不夠的。武術是一種文化，在修身的同時還要修心。對武術的認識昇華到一個境界，需要良師益友的啟迪開導。我要真誠地感謝長期以來對唐手拳給予關注和支持的中國武術界的眾多專家。感謝中國武術九段江百龍教授、王培琨教授、吳彬老師、張山老師；感謝央視武林大會總評判長、梅花樁拳研究會會長韓建中教授；感謝武林名家于承惠先生；感謝江蘇武術界錢源澤老師、李振林老師、彭貴洲老師、費玉俠老師；特別感謝上海體育學院博士生導師、中國武術九段邱丕相教授的厚愛，感謝他在百忙之中為本書題寫書名；感謝蘇州大學體育學院王崗教授在百忙之中，為拙作作序。感謝武漢華中師範大學鄭勤教授在百忙之中為本書審稿。感謝蘇州吳中區武術協會柯菊明主席和太倉市武術協會袁國強

主席對唐手拳發展的大力支持。

本書的出版還得到了兄弟朋友們的支持和幫助，對薛祖良先生、劉根福先生、顧忠明先生、蔣繼心先生、葉方雄先生、戴德華先生、崔從波先生、汪義方先生、李軍先生、王田根先生、顧潮訓先生、徐剛先生、李開良先生表示深深的謝意！對我的學生陸曉祺給予的幫助表示感謝！

本書的出版還得到了各級領導和各武術組織的大力支持，在此一併表示感謝。

一雙打沙包劈磚頭的手，要在電腦上打字、處理圖片、排版，還真是有一點勉為其難，只能邊學邊摸索。本書可能會有這樣和那樣的「問題」，懇請廣大讀者朋友批評指正。對參與本書出版工作的我的夫人沈岩女士、堂弟彭朋軍、堂弟彭浩蕩、女兒彭派、好友吳蔚等表示誠摯的感謝，你們辛苦了！謝謝你們！

今後，我會繼續出版唐手拳系列書籍，將唐手拳之《六合手》、《大戰手》、《蛟龍滑戰》、《蠻捶青龍戰》、《打虎棒》、《青龍關公刀》、《銀龍勾鐮槍》……唐手拳之《十三太保》和《十四金剛內功》等貢獻給廣大武術愛好者。

俗話說：「詩書沒有底，武藝沒有根」、「練拳煉人，拳練一生」，我將會繼續為繼承和發揚中華武術而努力！

唐手拳推廣口號：

四海行走練唐手。

穿唐裝，練唐手拳，弘揚國粹經典。

作者

昌明文庫・悅讀中國　A0607026

猛禽唐手

作　　　者	彭碧波	
責任編輯	陳胤慧	
版權策畫	李煥芹	

發 行 人　林慶彰

總 經 理　梁錦興

總 編 輯　張晏瑞

編 輯 所　萬卷樓圖書股份有限公司

臺北市羅斯福路二段 41 號 6 樓之 3

電話 (02)23216565

傳真 (02)23218698

出　　　版　昌明文化有限公司

桃園市龜山區中原街 32 號

電話 (02)23216565

發　　　行　萬卷樓圖書股份有限公司

臺北市羅斯福路二段 41 號 6 樓之 3

電話 (02)23216565

傳真 (02)23218698

電郵 SERVICE@WANJUAN.COM.TW

大陸經銷　廈門外圖臺灣書店有限公司

　電郵 JKB188@188.COM

ISBN 978-986-496-510-6

2019 年 3 月初版

2020 年 5 月初版二刷

定價：新臺幣 300 元

如何購買本書：

1. 轉帳購書，請透過以下帳戶

　合作金庫銀行 古亭分行

　戶名：萬卷樓圖書股份有限公司

　帳號：0877717092596

2. 網路購書，請透過萬卷樓網站

　網址 WWW.WANJUAN.COM.TW

大量購書，請直接聯繫我們，將有專人為您

服務。客服：(02)23216565 分機 610

如有缺頁、破損或裝訂錯誤，請寄回更換

版權所有・翻印必究

Copyright©2020 by WanJuanLou Books CO., Ltd.

All Rights Reserved　　**Printed in Taiwan**

國家圖書館出版品預行編目資料

猛禽唐手 / 彭碧波著. -- 初版. -- 桃園市：

昌明文化出版；臺北市 ：萬卷樓發行,

2019.03

　面 ；　公分

ISBN 978-986-496-510-6(平裝)

1.拳術 2.湖北省

528.972　　　　　　　　108003231

本著作物經廈門墨客知識產權代理有限公司代理，由湖北人民出版社授權萬卷樓圖書股

份有限公司出版、發行中文繁體字版版權。

本書為金門大學產學合作成果。　　　　校對：江佩璇／金門大學華語文學系三年級